# 小さな暮らしのすすめ

月刊「望星」編

東海教育研究所

# まえがき

二〇一一年の、あの巨大地震と大津波、そして原発事故は、私たちのこれまでの「生き方」を根底から見直させる契機となった。すべてを失った被災者への思いとともに、科学技術への盲信や資源・エネルギーの浪費や、溢れるモノに囲まれたいまの自分を省みて、漠然とでも「これでいいのか？」と感じた人は多かったはずである。

振り返れば、経済最優先の価値観のもと、消費を促す宣伝文句と、果てのない物欲に煽られるまま「生活拡大」の道をひた走り、衣・食・住や、暮らしの規模を肥大化させる一方で、その反省も始めていたのが、これまでの私たちだった。

好きなもの、欲しいもの、便利なものは、何はともあれ手に入れて、家や身のまわりに置き、にぎやかに華やかに暮らしたい……。そう考えて、欲望のおもむくままに家や家財や道具を求め、暮らしを広げてきたけれど、そのあげくに、自分がモノに縛られて、不自由になっていると感じ始めていた矢先、出会ってしまった大震災――。

政治も経済も先の見えない時代に入り、高齢化や格差社会も本格化するなか、庶民はもっと、きちんと足元を見て暮らさなければ……。そう反省し、社会の未来や地球環境も考えながら生活

## まえがき

あの震災を、一方ではそのような実感でとらえた人も多かったに違いない。

を変えていこうとしているところへ、襲いかかった大震災――。

この本は、そうした人たちに読んでもらいたい本である。

自らは被災を免れ、無事だとしても、震災を機に自分の暮らしを振り返り、何かを変えていこうという人や、震災前から、定年や病気、人生のステージの変化を機に、暮らし方を変えていこうとしていた人に、まずは読んでいただきたい。そう念じつつ、じつは五年前に一度刊行した『小さな暮らしの「ぜいたく」』という本から一部を採り、加筆を施し、震災後に月刊『望星』が載せた記事を集めて再編集した本だ。

肥大化し、贅肉のついた暮らしのなかで、本当に必要なもの、大事なものは何なのか。広げすぎた翼はたたみ、不要なものは捨て去って、より自分らしい、時代にも合った「小さな暮らし」へ向かうことはできないのか。

堅実な、小さな暮らしを営むとして、そこで得られる「幸せ」とは、どんなものなのか。

そうしたことを、この本に登場する提言者たちとともに考えていただければ幸いである。

月刊『望星』編集部

# 小さな暮らしのすすめ

目次

## 第三章 自然とともにシンプルライフ

## 第四章　小さな暮らしを考える

# 第一章
# 小さな暮らしへ！

「貧乏の洗練」こそ日本の文化だったのに……

# 便利さの追求で奪われた「人としての幸せ」

昭和のくらし博物館館長◎小泉　和子

## 人と人とのつながりの裏側

今回の震災とそれに続く原発事故をきっかけに、便利で快適であることをひたすら求め続けてきたこれまでの暮らし方を見つめ直そう、という機運が全国的に高まってきたように感じます。地域社会の重要性や人間同士のつながりの大切さを改めて思い知らされた人も少なくないことでしょう。

焼け跡から復興した戦後の東京の姿と重なるせいでしょうか、私たちの「昭和のくらし博物館」（東京都大田区南久が原）へもさまざまな問い合わせが寄せられるようになりました。

そんな中でよく聞こえてくるのが、「あの頃は人と人とのつながりがあった」という、昔を懐かしむ声です。たいてい『三丁目の夕日』に描かれたような、昭和三十年代前半の社会がイメージされているようですが、たしかにあの時代は人間の深いつながりがありましたね。でも、そのつながりを保つためには、面倒くさいことや嫌なことも日頃からどんどんやっておかなくちゃいけないという、裏側の努力がけっこう必要だったことを、多くの人が忘れてしまっています。

たとえば、当時はホテルの数もまだ少なかったので、親戚や知人がやってくるたびに、家に泊めるのが当たり前でした。

でも最近はそういうことがなくなりました。先日も新聞に、夫の両親が訪ねてくるのでホテルを予約したのに、お金がもったいないと両親にキャンセルさせられて、わざわざ布団を借りて狭い自宅に泊める羽目になったと、憤慨する妻からの投書が載っていましたが、いまはこのように人を家に泊めるのをすごく嫌がるようになりましたね。

電話がまだ普及していなかった当時、呼び出してもらうためには、電話のあるお宅と日頃から仲良くしておかねばなりませんでしたし、相手の迷惑にならないよう、時間帯を見計らったり、用件を手早く済ませるようにも気を遣いました。

お風呂にしても内風呂ではなくて銭湯でしたから、ばしゃばしゃお湯を無駄に流したりすると怒られたものです。

そういうご近所の目をはじめとした、社会生活を営むうえで欠かせない人間関係を、面倒くさいから、煩雑だからと、高度成長期以降の日本人は敬遠するようになりました。いまの人は面倒くさいことはしない、自分が嫌なことはしないと、嫌なことを身の回りから消していった結果、人間同士のつながりが希薄になってしまったのです。

人間の幸せとは、人と人、社会と人とのつながりがしっかりと保たれていてこそ、実感できるものです。私たちはそれを壊して、つながりをなくす方向へとどんどんきてしまった。こういう社会のあり方は、よくないのではないかと私は思います。

## 映画『裸の島』に見る人間の幸せ

このところNHKが「山田洋次監督が選んだ日本の名作100本・家族編」と題して、日本映画の名作を放映していますが、先日は新藤兼人監督の『裸の島』を観ました。

瀬戸内海の孤島に夫婦と子供二人の家族が住んでいて、生活用水も農作物にやる水も、舟で運んでこなければなりません。重い桶をかついで段々畑をひたすら登り下りして、イモ畑に水をまくのです。当然ガスや電気もありません。食事も粗末なものをさっと食べるだけ。いまの時代では考えられないような、原始的で貧しい暮らしです。

その中で、子供が釣った鯛を遠い町まで売りに行くシーンがあるんですが、やっと手にしたお金で食堂に入ってカレーライスを食べたり、子供にランニングシャツを買ってあげたりする。なんともうれしそうなんです。体がしびれるような喜びを感じているのが伝わってくるから、観ているこちらのほうも心の底からうれしくなってしまう。

この映画を観て、ああ、人間の幸福ってこういうことなんだなと、改めて痛感させられましたね。物質的に恵まれない過酷な毎日の中で、だからこそ喜びも大きい。いつも着たきりすずめなのに、町に行くときはちょっとおしゃれして洋服を着る。家族そろって外食をする。

貧しさを礼賛しているわけではありませんが、私たちは便利さと快適さを生活の豊かさだと思い違えてきてしまったのではないでしょうか。どこまでも便利になっていくことが、人間としての幸福をどんどん奪っている。そんなふうに思えてなりません。

最後に上の子が急病にかかり、医者が来るのが間に合わなくて死んでしまうのです。埋葬を済ませた後も、また同じ日常が淡々と繰り返されていく。すごく悲しい。でも、それも人生です。病気にもならず、死にもしないなんていうことはないのです。悲しみも喜びも感じることができるのが、人間が生きるということなのではないでしょうか。

空腹が最上のコックであるとよく言われますが、満腹のところへどんどんご馳走が押し寄せてきても、おいしく感じられません。いまの資本主義ってそれと同じで、次から次へとモノを作って売ろうしている。だから、作る側も買う側も、お互いに幸福じゃない。このままでは、幸福になれない。こんな社会のあり方は、そろそろ考え直したほうがいいのではないかと思います。

## 貧乏を洗練させてきた文化

同じ資本主義国といっても、国によって暮らしはさまざまです。

アメリカは日本と比べると、日常生活がもっとワイルドですね。日本ほど便利じゃないこともあって、どの家でもガレージに小さな作業場を設けて、ちょっとしたものを作ったり、壊れたものを自分で修理したりしています。住宅でも家電製品でも案外使い捨てにしない、ものを大切にする文化が残っている。ただアメリカは、洗濯機の横に乾燥機があって、どんなに晴れ上がった日でも、洗濯したものを乾燥機に突っ込んで乾かしてしまいます。乾燥機は電気消費量が大きいですし、だいたい家中暖房して冬でも半袖というように浪費しています。

イタリアでは、エレベータがないアパートが多かったり、生活はものすごく不便です。でもたいていは、家で食事を作っています。朝に市場へ行って、近隣の農家が並べている採れたばかりの野菜を買ってきて、自分で調理していますからおいしい。

イギリスでは逆にスーパーが発達していて、何でも買ってきてしまっています。最近は日本でも見かけるようになりましたが、キャベツなどの野菜を刻んで売っているのを見て驚いた記憶があります。現地の学校に通う日本人の子供が、お弁当にチョコバーを持ってくる子もいるんだよと、呆れていました。

では日本はというと、あらゆる意味で行き届きすぎているという印象です。トイレもお尻を洗ってくれるだけではなく、自動的に蓋が開いたり、立つと水を流してくれるものまであります。病人なら重宝するのでしょうが、普通の暮らしの中でそこまでの機能は本当に必要なのかと疑問に感じます。日本人の器用さと勤勉が行きすぎを生んでしまうのでしょうか。

もともと日本人は、自然な生活を好んできました。金ピカ趣味もないし、金満主義もない。日本で金ピカって言ったら、東照宮や秀吉の黄金の茶室を思い浮かべますが、ベルサイユ宮殿なんかに比べると比較になりません。

近代以前の日本は秀吉が朝鮮に出兵した以外、他国を侵略したりしたこともないし、貿易も本格的にはしてこなかったから、金持ちにはなれなかったのです。金持ち文化は発達していません。このため、近代になって、アジアを侵略して多くのものを奪ったのに、何世紀にもわたって残るような文化は育てられなかった。あのバブル経済のときも、何も残していません。

私はいつも言うのですが、日本文化は貧乏を洗練させてきた文化なんですよ。茶の湯はその代表です。茶室は粗末な農家のようですが、よく見れば非常に洗練されていて美しい。俳句もそう。日常のささやかなものの中から面白さを発見するという文化をはぐくんできたんです。

これは日本の自然がもたらしたものです。日本の自然は勤勉に働けば人間が生きていける自然なのです。地震や津波はありますが、総体的には過酷ではなく、豊かな自然です。四季があり、春が巡ってきて、すべての命が芽吹く美しさ。何があっても春になると再生される。このため新しいものが大好きです。新しいことに価値を置きます。

こうした新しもの好きの背景には、魚を食べてきたことも影響していると思います。海辺に住んでいる人以外は、近代になるまでなかなか新鮮な魚を食べることは難しかったとはいえ、平安時代からすでに貴族たちは刺し身を好んで食べていました。日本では魚が最高のご馳走です。魚は新しくなければ価値がありません。魚を通して、新鮮なものほど価値があるという意識が日本人の中に浸透していったのではないでしょうか。

ところが高度成長期以降、日本人は豊かな自然を冒瀆し続けてきました。森を切り開いてゴルフ場を作る。美しい町並みを壊してビルを建てる。新しもの好きという文化的伝統が、裏目に出てしまった。いま震災や原発事故という歴史的な災害に見舞われて、ようやくそれが間違いだったのだということが、わかってきたのです。

もう昔には戻れないけど……

以前、山田洋次監督とお話ししたとき、昭和三十年代ぐらいの生活様式がどうも日本人には合っているように感じられますと申し上げると、監督も「私もそう思います」とおっしゃっていました。あの頃は終戦から十年余りが経っていますから、まあ洗濯機ぐらいはあったし、氷冷蔵庫ならあった。でも、エアコンやクルマはまだないという生活水準です。いま考えるとみんな一様に貧しくて、たしかにいろいろ不便ではあったけれども、現在より不幸であったとはとても思えません。

しきりに節電が叫ばれるこの夏をいかに涼しく乗り切るか、そのひとつとしてあの頃の生活のスタイルを見習いたいと、最近テレビや雑誌の取材がよく私たちの博物館へとやってきます。

しかし、いまの人たちが、昭和三十年代の暮らしをそのまま真似をしても、昔と同じように涼しく過ごすのはなかなか難しいでしょう。

まず第一に、都市化によってヒートアイランド現象が進み、当時と比べて気温がずっと高くなってしまっていることが挙げられます。地球規模の温暖化も影響しているのかもしれませんが、やはりエアコンから吐き出される熱風と、コンクリートやアスファルトで覆われてしまったことが大きく影響しているのでしょう。かつては日が落ちると涼風が吹いて昼間の暑さもやわらいだものですが、いまでは熱帯夜が連日続くようになってしまいました。

第二に、家の構造が当時の日本家屋とはまったく違っていることが大きいですね。昔の家はとても開放的で、ふすまや障子を開け放てばスーッと風が通りました。いまの住宅は壁で仕切られていて、扉ですから風が通りません。当時のように引き戸なら開き具合を自由に調整しておけます。軒も深かったので夏は日陰ができるし、冬は陽光が入ってくる。窓の上にも霧除け（庇）がついていました。

ところが、いまは個人の住宅も気密性を高めて、エアコンで室内を冷やすようになってしまいました。自分の家だけエアコンを止めて窓を開けても、お隣から熱風が入ってきますから窓を開けておくこともできません。

昔も夏は暑かった。でも、その中でいかに涼しさを感じられるか、いろいろ工夫をしていたんです。すだれをかけて日差しを遮る、家中開け放して風を入れる。それから肌触りも大切です。開け放しにすると埃が入ってザラザラになるので、朝晩ぞうきんがけをする。床がさらさらして肌触りがよくなり、冷たい板の間に寝転がって昼寝もできる。夜寝るときにもゴザを敷く。それからなんといっても氷です。氷をかいて冷ややっこやそうめんに浮かせたり、かき氷もよく食べました。夜寝るときは氷枕も使いました。

## 自然の荒廃を考え直す

日本は中国という大きな文明の周縁に位置していたので、もともと外来の先進的な文化に対して強い憧れがありましたが、明治以後、それが先進的な西洋への憧れに取って代わりました。日本を含めてアジアのものは駄目だ、遅れていると思い込んでしまったので、伝統的な文化を捨ててしまった。本当は西洋化と近代化は別なものなのに、近代化が西洋から入ってきたため、日本人は同一視してしまったんです。

だから、建物から服、食事まで、暮らしが一気に洋風化しましたが、西洋文明の持つ非合理的なところもそのまま持ち込んでしまいました。ベルサイユ宮殿なんてちっとも合理的じゃないのに、それを真似して、赤坂離宮を建て、一般の住宅も洋館風にしてしまう。

中国やヨーロッパの造形を見ると、美術でも建築や造園などでも、幾何学的に左右対称にした構図によく出合います。なぜかというと、彼らは人間の力を尊び、人工的なものに価値を置くからです。これに対し日本は、左右非対称を好みます。これは自然というものは左右非対称だからです。

これほどまでに自然を愛していた日本人が、自然の荒廃を招いてしまいました。今回の震災を機に、そのことの意味をもう一度考え直してみる必要があるのではないかと思います。

（構成・編集部）

●こいずみ・かずこ　一九三三年東京都生まれ。生活史研究所主宰。家具道具室内史学会会長。工学博士。父が昭和二十六年に建てた自宅を「昭和のくらし博物館」(http://www.showanokurashi.com/) として公開。著書に『昭和のくらし博物館』『昭和の家事』（ともに河出書房新社）、『船箪笥の研究』（思文閣出版）など。

何もないから豊かな暮らし……

# 森の中の一本の木のように生きる

児童文学者◎久保田　昭三

## 生活費は月三万円

老年といってしまうと、いくぶん哀れをふくむようで、シニアとでもしておきたい。いま、七十八歳で、ひとり暮らしの男だ。そのぼくが受けとっている年金は、「老齢基礎厚生」というややこしいものだが、介護保険料額を引いて月額にすると八万一千円ほどになる。けれども、生活費は三万円で足りているから、これでは多すぎるということになる。

そこで、残りを二つに分けて、と名案をおもいついた。一つを事故にそなえてストックし、もう一つをグループ名の通帳にして積みたて、これはこちらの死後に役立ててもらえるよう遺志をついでくれる若いものに伝えておく。すると、こういう計算になって、なるほどと納得できる。年間三十万円とつつましい額だが、不自由を生きなければならない十人に、三万円ずつまわしてあげられる。もう一年元気でいられたら二十人になり、五年なら五十人で、あと十年は生きられそうだから百人だ。数字をならべたりするのは疎ましいが、その数字から、いつまでも達者でねと励まされているような気がしてくる。

豊かさも貧しさもある、このような時代だが、いつも貧しさのがわにわが身をおきたい。えらそうに装ったり、こぎれいに飾ったりしないで、「すっぴん」をとおしたい。争いごとをなくして、だれもがほどほどに安らげる日々をすごせるようにと、ささやかにねがうばかりだ。たくさん富を手にすることを理想としたら、この世にあるものはますます生きのびることが辛くなり、この地表は死につながる。

このあいだ、古書店でサリンジャーの『ライ麦畑でつかまえて』を見つけたが、野崎孝さんの訳だ。ホールデンという少年が、高校を追われたあと、数日を風来坊のように歩きまわるが、おしまいのほうで出会う先生から精神分析の学者が書いたものということばを紙片にしるして渡される。

それは「未成熟な人間の特徴は、理想のために高貴な死を選ぼうとする点にある。これに反して成熟した人間の特徴は、理想のために卑小な生を選ぼうとする点にある」というものだった。

ぼくもまた、風来坊のような足どりで戦後をたどったが、「厚生」に保険料をまわすような職についていたのは四年ちょっとだった。いま、菜園を風来園、一坪半の客間を兼ねた書斎を風来軒と名づけたりして、「日々是好日」の余生だ。びりおじさんなどと自称するのは、なにごともびりでいいし、そのしんがりをのんびりと参りたいからだ。

住居を風樹小屋と名づけて、たしかに見すぼらしいのだが、その「住」にも「衣」にも、もう支出をゼロにできる。小屋に、「三種の神器」といわれたカーも、クーラーもカラーテレビもない。「新三種の神器」という薄型テレビも、デジタルカメラもDVD録画再生機もない。ケータイも、パソコンも。ただ、活字メディアによる情報交換をひかえたら、さらに生活費から一万円をカットできる。

そのような日々の悲喜こもごもを、ぼくは「小さく暮らして大きく生きるという、そのほんとうの大きさをイメージできたら、サバイバルをあきらめないですむ」などと、著書の『風来好日スモールライフ』（WAVE出版）に書いた。そして、そのエッセイ集を、つぎのようにしめくくった。

「しっかりと根をはって強風にこたえ、そよ風にはのびのびと身をまかせる、人はだれもがそのように風のなかで息づいている。あなたも、ぼくも、森のなかの一本の木だ」

つまり、ここに根をはって、つつましく暮らしていたら、「食」だけを工夫すればいいということになる。

ゆうゆうと余暇を

暮らしかたといい、生きかたというが、そのもとになる在りかたに目をむけたい。ひとにぎりの治めるがわではない、おおぜいの治められるがわにあることを在野という。そこを良き野にかえ、野良といったら田や畑のこと。むかしから、そこに手をかける営みを野良仕事といい、ぼくは甘んじて老百姓と名乗りたい。

ありふれた庭だが、そこが十五坪の風来園だ。花を植えたりはしないで、菜をいっぱいに茂らせている。百メートルほどむこうの、休耕地をフリーで借りて、その十五坪を風来農場などとおもしろく呼んでいる。水田を埋めたてたところで、砂質土だが、そこにもふさわしい作物がある。この三十坪の土で、食材となるものをどれだけつくれるか、この国の自給率はどうでも、ぼくにはおのれひとりの九〇パーセントを養える。

それには、せいぜい一年に五十時間か六十時間の手間をかければよく、一日平均わずか五分か十分という労働で、というより運動で足りるということになる。あとは、好きなように、なにをしたらいいいか。

お店で一つのリンゴに百円のおかねを払うように、ここまで生きながらえたことの価値に、ふさわしい代価を支払いたい。この世にあるうちに、身につけた芸による作品を残すことができたら、それはこちらが息をひきとったあとにも生きつづけるだろう。宗教からは、はなれたところにいるが、そのようなイマジネーションが安らぎをもたらす。

ほかに、なにか欲しいものがあるか、恐いものがあるか。いや、なにもない、ということになる。あとは、ペンを手にする余技にでも、ゆうゆうと余暇をあてたらいい。

お米を、一日に一食だが、くず米だ。年間三十キロの消費量だが、それは農家が出荷できないものだから、二千円で買いもとめられる。これは、玄米といってよく、捨てたものではない。水に浸けて、適温を与えれば、発芽玄米にできる。

イネを畑につくれても、脱穀や籾をとりのぞくには道具がないとむずかしく、お米をとりだすことができない。おなじ穀物でもコムギなら、穂をつんで手でもみほぐせば、玄麦をとりだせる。何日か水に浸けてから、ミキサーでくだけば、一〇〇パーセントの全粒粉として調理にまわせる。パンを焼くつもりなら、精白粉をまぜて、ほどよい固さにすればいい。

いちばん容易なのはトウモロコシで、完熟した実に指をあてれば、ぽろぽろと粒を落とせる。これも、水に浸けてやわらかくしてから玄米と炊いてもいいし、コーンミールにしてもいい。もう一食をイモにして、カロリーをとるが、ジャガイモとサツマイモだ。寒さに弱いサツマイモは、スライスしたものを乾燥して保存する。これも、ミキシングすれば、粗い粉にできる。

季節の野菜は、だれにも手がけられるから、しゃれたことばづかいでキッチンガーデンなどと自慢したらいい。小屋で、果樹といえるものに、ブドウとブルーベリーがある。

大豆も、穀物として扱われるが、植物性の蛋白源だ。農場に蒔いたら、二〇〇パーセントを、つまり二年分を収穫できた。ぼくがお店へでかけるのは、動物性の魚肉、乳製品、海藻、オイルと調味料、緑茶が切れたときくらいだ。このごろは、日刊紙の販売店が、お醤油やサラダ油のセットを読者サービスと届けてくれたりする。

というわけで、食材費ということになるが、月額三千か四千円だ。飲酒とも喫煙とも無縁で、納豆もヨーグルトも漬物も、ジュースもジャムも、その気になればお手製をたのしめる。おかゆと麦芽で「甘酒もどき」も、ジュースとヨーグルトで「ワインもどき」まで。

たまに、なにかの実入り（収入）でもあったら、外食産業での舌鼓もよかろう。来客に、茶菓のもてなしなどできないが、春にイチゴ、夏のトマトや秋のふかし芋こそ風来軒のテーブルにふさわしい。なにもないとき「おかまいできませんで」といったりするが、ぼくは「おしゃべりもごちそうのうち」とおことわりしている。

その風来軒にはまた、椅子が三つあって、これは詩人のソロー風に一つを「孤独」の椅子としている。どなたか、二つめの椅子にかけて、「友情」がなりたつ。ふたりづれの客で満席となり、そこは「社交」の場となる。

## 分けあって若がえる

ブドウ棚の下に、小さなトリ小屋があって、二羽くらいならニワトリを飼える。いま、そこに一羽もいないのは、ジムグリというヘビに味をしめられたからだ。

そこにトリがいたころ、遠くはなれた町にあずけていた、四つか五つになる女の子をつれてきた。「ひよこ、ひよこ」と、まずそれを見つけて、庭から菜を摘んで金網ごしにやっていた。「ひよこが大きくなって、ニワトリになったよ」と、この父親は話す。

何年かまえには、都下からひとりのおばさんがたずねてきて、その帰りがけのこと。玄関をでたあと、それを窓からのぞいていると、おなじようにそこで菜を網にさして給餌しているのが見えた。身近にいるものとのあいだに、いとおしむというこころの往来をできないで、内面を病んでいるかただったかもしれない。

小屋からのばした塩ビのひさしを、木の柱で支えているが、その支柱にバードテーブルをつけた。届けてもらったくず米が、もう半年になるのに、まだ袋の半分も減っていない。おもてのスズメに分けてやろうかと、ペットボトルの下部を切りはなして餌台にしたのだが、なかなか気づいてくれない。

高いところにつけないと、ネコにねらわれたりするわけだが、それを地面までおろして、そのまわりにもぱらりとお米を撒いてやった。ようやく慣れて、よく飛んでくるようになり、いまぼくの肩のあたりまで高くしてある。これはもう、俳人の一茶風だったりして、ぼくの日常はたわいがないが、それを児戯に等しいなどとあなどられたくはない。

チチッ、チチッと、にぎやかになる。その気配を耳にして、そっとカーテンをめくるが、そのたびに教えられる。一羽がテーブルにのっていると、いっしょに飛んできたほかの二羽も三羽も、物干し竿にとまったりしてちゃんと順を待っているのだ。

奪ったり、貯えたり利殖したりするのは、霊長類のヒトだけらしい。「学ぶ」は「まねてする」だと辞典にあるが、ここでは野鳥のスズメたちを真似たらいい。部屋にいて、文字を追って学ぶのもいいが、おもてにでて目をこらし耳をかたむけて、その自然からなにかを読みとることもできる。

限りあるものを奪いあったりしないで、仕事も稼ぎもシェアリングして、うまくやれないものか。このまえ、オスロでたずねた平和運動グループの名に、「コンタクツ・フォー・サバイバル」があった。すべてのつながりは、争わないためにあって、ひとりひとりを生きるものが、うまく出会ってつながりをつくれないか。

どうやら、都市に住まうものが田舎をあなどって、あげくのはてにその里を荒野にしてしまった。いま、喧噪に疲れ、繁栄に病むことになったものは、もういちどこちらにもどってきたらいい。いのちを断つまえに、そこを良き野にかえたら、空家もあれば空地もあって、サバイバルできるはずだ。

キッチンでも小さいラジオをシャツのポケットに収め、手仕事をしながら俗な情報にも聞き耳をたてたりする。いつか、ＳＭＡＰという若いグループが、「ナンバー・ワンにならなくてもい い／もともと特別なオンリー・ワン」と歌っていた。ぼくはまた、つぎのように。

「だれもが、この世に生まれおちて、『諾』と祝福された。そのとおり『はじめにイエスありき』だったものが、いつか老いて病むことになれば、いくらかでもそれを『否』と先へのばしたくなる。おなじように、この地上を荒らしまわったあげくに、時代は老いにさしかかって『すでにノーありき』なのだろうか」

「病んでもいないのに癒されたいという、そのような時代の気分をふりかえって、まず足もとに元気をとりもどしたい。その生活習慣を、これでいいと納得できるところまで小さくできたら、まだまだ若がえることもできそうな気がする」

寄りあえる生活圏を
髪を染め、指にはリング、耳にピアスをつける。娘たちはお洒落だが、ぼくはシャツのぼたんに小さい鈴を吊って、これはお茶目だ。裸ですごす夏には、パンツにつけてチリチリと鳴らし、軒下の風鈴みたいで風流なこと。

足を、野良にはこんで、菜を手にしてもどる。考えをめぐらしながら、それに手をかけて、素材の味わいを口にする。そのような、ぼくのスモールライフだが、ときにはメールからもネットからもはなれてはどうだろう。娘や息子たちよ。友をたずね、顔をあわせておしゃべりするのも、街頭にでて「ノー」と手をふり声をあげるのもいい。

定職について、結婚してというステップを、「身を固める」というようだ。そんなら、出歩くのも話すのも身軽なヤングのうちに、ということになる。シニアが、職を退いて読書三昧ですよ、夫婦して温泉めぐりを、などという。それを、芸がない、哀れだとみてとったら非礼だろうか。

アメリカで、黒人のグループから、二枚の絵はがきを手にいれた。その一枚には、黒人女性が手を打って歌い、ほかのふたりが手をとりあって踊っている絵だ。それに、ジンバブエのことわざがそえられていて、「歩ければ踊れる、話せれば歌える」と訳せた。

歩ければ、走れるでも、競えるでもない。話せれば説けるでも、述べられるでもない。つぎのステップを踊れる、歌えるとして、芸の世界へいざなっている。園芸とも農芸ともいい、野良仕事も芸のうちだ。そして、文字をもたない人たちもいるわけだが、それを真似て「読めたら」としたら、そのつぎは「書ける」だろうか。つまり、書物をめくる、ひとりを旅する、それをできるのは若いうちだ。齢を重ねて賢く老いたものには、おとなしく部屋にいて、知恵の一つも書きのこせないかということになる。

このまえ、東京のある女子大学で、あるイベントが開かれた。世界共生プロジェクトという学生団体の主催で、「ハンガーバンケット」といい、飢餓の宴と訳せるらしい。

七百円の会費で、百人が参加。くじを引いて、三つのグループに分けられた。一日に三回の食事をとれる十五人、一回だけという三十人、その一回もどうかという五十五人。世界の人口を百人としたら、そのような割合になるという。

はじめに、第一世界の席にはパン、肉料理、デザートというフルコースがはこばれた。つぎの第二世界の席には、おなべにはいったスープとパンの耳。おしまいの、第三世界の五十五人には、そば粉のすいとんが小さなおわんに二つだけだったという。

アメリカの、首都ワシントンDCにも、職もなく食にありつけないホームレスの人たちがいる。いっぽうに、ファミリーレストランからもスーパーマーケットからも、たくさんの残飯がでる。ぼくがたずねたグループは、その残飯を集めてきてもういちど火をとおし、ホームレスたちに炊きだしをする活動をしていた。

おもしろいことに、その残りものをゆずってくれないお店には、プラカードに「ここでは捨てているぞ、ノーだ」などと書いて、客の出入りするドアのまえに立ったりするという。

ボランティアはけっこうだが、美化運動などにぼくがひややかにしか反応できないのは、あたりをきれいにかたづけて花など植えだすからだ。住宅団地をあらたに造成して、ニュータウンを開いたといったりするが、じつは汗を流した農耕地を閉じたところだったりする。核家族が住まい、老いを排除して、セクトをなしている。

絵はがきの、もう一枚には、東南アジアのどこか、ふたりの農婦が泥田に踏みこんでいるイラストだ。それに「平和にはもっと汗を、戦争には血を流さない」とあって、争わないために野良での仕事を、と読みかえられる。

あの戦時下には、どこかの湖のはたに航空隊があって、「……霞ヶ浦にゃ、でっかい希望の雲が湧く」と歌われたりした。戦場を飛んで血を流すことを、大きな夢と描く軍歌だった。

いや、ほんとうの大きさを生きられるのは、せいぜい半径十キロの、ママチャリで往来できる生活圏ではないか。暮らしはスローで、スモールでシンプルでも、そこでなにもかもが足りて、顔の見えるだれともねんごろに寄りあえる里だ。

生も死も美醜も、そのままにあって、世界のひろがりをひとまわり旅した若者も、もういちどそこにもどってこられる、そのようにおだやかな居場所を描いてみたい。

●くぼた・しょうぞう　一九二九年生まれ。群馬県館林市在住。主な著書に『おにぎり八つ』（遊行社）、『北の国の花の島』（鳥影社）、『小屋に棲む』（径書房）、『この星のかたすみで』（新宿書房）、『風来好日　スモールライフ』（WAVE出版）など。

老いを迎えて考えるシンプル・ライフ

# 小さな暮らしはていねいな暮らし

生活評論家◎ 吉沢　久子

## 生活にも新陳代謝が必要

六十代でひとり暮らしとなってからは、折に触れて、要らないものは整理していくことを心がけるようになりました。女性はどうしても「もったいない」「いつか使うかも」「これは記念の品だから」と、ものをとっておいてしまう傾向があります。子どもが小さなときの思い出の品や結婚のときの結納の袋なども大事にとっておいたりしますでしょう？（笑）。

私も「いつか使うから」をよくやってしまいます。「いつか梅酒をつけるかもしれない」などと考えると、空き瓶も捨てられずにとっておいたりする。でも使わないいままたまっていくいっぽうなのを見ると、「やっぱり要らないんだ」と思い直して、一つか二つだけ残してどんどん捨てるようにしています。

資料や雑誌とか、ともすれば「もう少しとっておこう」と思ってしまいがちなものも意識して捨てるようにして、いまは毎日何かしら不要なものを一つずつでも処分するようにしています。

蔵や納戸があった昔の生活なら、ものがたくさんあっても生活の場はシンプルにしておくことができました。必要ないものは蔵にしまっておき、季節によって必要なものを出してきてしつらえを変えることも可能でしたが、いまは住宅事情からいってもそんな生活はできようもありません。しまう場所がなく、あふれるものに囲まれて暮らす生活にいらいらし、何とかならないかと思う。だからものは極力少なく……と、みんなが思うのでしょう。

現在の住宅事情を考えれば、コンパクトに生活するには容量一定ができればいい。ですから新陳代謝をどうしていくか、そのための知恵や工夫もこれからは考えていかなくてはいけないのでしょうね。自分がいなくなったときのことも考えながら、いかに生活をコンパクトにしていくか――考えることはたくさんあって大変です（笑）。

## 写真だけはきちんと整理しておく

働き盛りだったころは、私も家事の省力化のために便利な生活を追いかけ、便利なものは全部使ってみたくて集めましたけれど、そういう時期が人には必ずあると思います。ですから、基本的には時期に合った生活の仕方ができればいいのだと思います。時間でいうと十年が一区切り。十年を目安に我が家の暮らしを考えて、ものを整理してみるといいのではないかと思います。

自分がいなくなったとき、残されたものを処分するのは周りの人たちですし、ひとりの人間の後始末というのは結構大変なもの。私も姑と夫のものを整理するということをしてきましたが、「愛情がこもっているのだろうな」と思うとなかなか捨てることができなくなってしまいます。それでも一所懸命整理し、片づけが終わったときは「お役目を果たした」と心からホッとしました。ものに心が絡まなければ整理も楽ですが、大事にしていたのだろうなと思うと、なかなか機械的に捨てることはできにくいものです。

ことに困るのが写真ですね。残されて一番困るのは写真だそうですが、人が写っていますから、本人でない人はやはり捨てにくいものです。私の友人たちも、みんな「写真だけは整理しておいて」と子どもたちから言われているそうですし、私自身、甥から「写真だけは始末していってくれ」と言われています。

ですから机の小さな引き出し二つ分を写真のスペースにして、残しておくものだけ決めたらあとは燃えるゴミとして出して処理しています。

## 無駄を探していく努力

生活の縮小というのは無駄をなくしていくこと。でも何が必要で、何が不要かを見極めるにはきっかけが必要かもしれませんね。

五十代になる甥の話ですが、住んでいるマンションの全面リフォームのため、最低限生活に必要なものだけをもって一時的に引っ越しをしました。使わないものは保管してくれるところに預けて仮住まいをしたのですが、リフォームが終わった家に戻ってきたとき、「狭いマンションなのに、どうしてこんなにいろいろなモノをもっていたのだろう」と驚いたそうです（笑）。あれば豊かな気持ちになれるということだったのでしょうが、弾きもしないピアノを置いていたり、家族で一つあれば用が足りるものを家族それぞれがもっていたり……。なくても暮らせるものにどれだけ囲まれていたかということに改めて気づいてビックリしたと話していました。

ひとり暮らしになったのを機に老人ホームに入ることになり、荷物を整理したら要らないものばかりで、身の回りの最低のものだけ残して捨ててしまったという話も聞きます。

何かのきっかけがない限り、暮らしをシンプルにしていくというのはできにくいことかもしれません。頭の中だけで何が必要で何が要らないものかを考えるのはむずかしいことですけれど、でも生活を縮小したいなら、どこが無駄なのかを自分で探していく努力は大切でしょうね。

私の場合、写真以外に意識して処分しているのは本や雑誌です。放っておくとどんどん増えていきますし、文学関係の古い本なども手元に置いておいたところで読みませんから思い切って処理してしまいます。資料として使うものはとっておいて、あとは福井県の春江図書館というところに寄付しています。図書館に送ると、そこで誰かがまた手にとってくれますから整理しやすいんですね。

処理と言っても、捨ててしまうのはもったいなくてできないでしょう? 誰かに利用していただくなど、何かしら生かした形で処分ができると心が痛みませんし、いまは文庫を設置している駅などもありますから、そういうところに出してしまうのも方法かもしれません。

衣類にしても容量一定ということを考えて、容量を超えると贅沢だと思って処理するようにしています。その際も、不要な衣類を集めてお金に換え、途上国を援助しているボランティア組織に送っています。ただ捨てるだけだと「もったいない」が出てきてしまう。何かに役立ててもらう形で整理していけば気も楽ですから、そうしたところを探してみるのも、ものを減らすうえでの工夫ではないかと思います。

おつきあいも割り切って

人とのおつきあいも、かなりふくらませていた時期がありました。とくに仕事をしていたころは、おつきあいも含めてさまざまな会に顔を出さなければいけませんでしたが、いまは必要なものにだけ出席するようにしています。

女の人の場合、やたら集まって何かをする、どこかに出かけるということも多いのですが、おつきあいする相手が多すぎると、かえっていねいにつきあえなくなってしまいますね。自分が好きで何万円もするオペラを観に行くならいいけれど、おつきあいで行かなくちゃという場合もありますでしょ。そうしたつきあいを見直すのも、暮らしの縮小につながると思います。

私も、人づきあいは随分と縮小しています。かつての仲間の中から「食べること」が好きな人たちだけが集まって、どこかにお食事に行くということは続けていますが、以前のように毎月定期的に集まっておしゃべりをすることはやめてしまいました。

ていねいに暮らしていこうとしたら、能力の範囲内でできることをしていくしかありませんし、これは人とのおつきあいでも言えることです。それほど親しくない、お知り合い程度の方でしたら、あえてこちらからは積極的に働きかけないようにする。そうするとだんだんおつきあいも整理されてきます。女性の場合、夫が亡くなると夫を通してのつきあいが減りますから、気が楽になるということもあるんですね。夫がいるころは夫を通してのつきあいも多いですが、亡くなったあとは自分にとって必要なおつきあいかどうかはっきりしてきます。縁があるとか、気が合うとか、そうした人たちとのつきあいだけが残っていって、そうではない人たちとは疎遠になる。歳をとっていくと、誰もがそうなっていくものです。

なかには夫がいなくなって、人づきあいが減ってしまい、世の中から取り残されていくようでさびしいとおっしゃる方もいますが、私はそうではないと思うのです。自分なりにそれは割り切っていかなくてはいけませんし、夫がいなくなってからのほうが自分の女友だちと親しくつきあえるようになるということもあります。ですからさびしがらないで、「自由に気の合う人とだけおつきあいできるようになった、うれしいわ」と考えてみたらいいですね。

## 何かひとつだけ贅沢を

先に出した本『ていねいな暮らし』(清流出版)の中でも少し書いたことなのですが、夫が五十代、私が四十代のころ、自分たちに必要な場があればいいと考えて小さな家を建てました。私も夫も食器が好きで、「いいなあ」と思うとほしくなってしまう。そうやって買いためた食器が戸棚いっぱいになってしまい、家を建てたのを機に食器の整理を決めたんです。でも買ったときの楽しさを思うと捨てることはできず、使わないものは物置にしまうことにしました。

夫婦で相談して、お皿もいろいろ使えそうなものだけ一つ残し、カップもコーヒーも紅茶も飲めるものだけ出しておいてというふうに、日常使うものだけを家の中に残して、食器のシンプルライフを始めました。ところが一週間もすると「番茶を飲むときは、あの益子焼の厚手のもので飲みたい」「このお料理のときはやっぱりあのお皿がいい」ということになって、そのたびに物置から取り出し、結局、多くの食器がまた家の中に戻ってきてしまって（笑）。

買いためた食器類は、いわば自分たちが作り上げてきた生活文化なんですね。生活文化に大切なものはあまりケチをしちゃいけない。その代わり思い出しもしないものは贅沢だと思ってやめるとか整理をする。それが生活を縮小しながらも、心豊かに暮らす知恵。暮らしのシンプル化や合理化を優先するだけではダメなのだと、そのときに気づかされました。

小さな暮らしをしましょうと言うと、ものを整理して少ないもので暮らしていくということになりますが、その中でも私は、一つだけ自分のために贅沢をしようと決めています。もったいないとか贅沢だなどとは言わないで、食べ物だけは贅沢しようと思っているのです。少しだけお値段が高くてもいいものを買う、その程度のことですけれども。

食器もそうですが、お皿などは増やすまいと思っても、つい気に入ったものがあると買ってしまう（笑）。でも心の豊かさのためにはそれも大切だろうと思います。何か一つ「これは贅沢している」と思うものがあれば、心のうえでも豊かになれますし、あまり貧乏感がないんです（笑）。

ひとり暮らしになると、食事もありあわせのものですませてしまうことが多くなりますが、そういうときにみじめな気持ちにならないように、好きな食器を何枚か出して少しずつ料理を盛り付けてお盆に並べたりすると、それだけで楽しい。そのために小さな食器を買ってしまったりするのですが、心が痩せないためには、これぐらいのことは許されるだろうと思っています（笑）。

好きで捨てられない魚皿をペン皿として使ってみたり、好きなものはそのようにして使いこなしをしていますし、生活を小さくしていくといっても、自分のための楽しみはとっておくことは必要だと思います。

こうした分野を一つ決めておけば、弾きもしないピアノを買ったりということもしなくてすむでしょうね（笑）。自分にとって一番必要なものにお金をかけたり、場をとっておくことは許そうと思っていますし、必要なものはいくら整理したって増えてしまいます。代わりに衣類などは関心がないから、ほとんど新調もしていませんし、どんどん人にあげてしまう。そうやって自分の中で捨てるもの、とっておくものを区別しています。自分の暮らしの様式を考えて、要るものと要らないものを考えていく。そこから暮らしの縮小を考えていくといいのではないでしょうか。

## 小さな暮らしにもメリハリを

ものの整理というのは、一気にやろうと思うと相当なエネルギーが必要ですし、やろうと決めるまでが大変。私も「やらなければ」と思いながら、「でも忙しいし」と延ばし延ばしにしてきてしまいました。でもご近所のおうちが壊されているのを見て、考えが変わりました。ショベルカーが家を一気に壊していくのを見ていたら、「ああ、そうか。最後はゴミとして家と一緒に壊してもらえばいいんだ」と思って気が楽になって、ちりちり考えるのをよすことにしたんです。

どこかでドンと構えないと、気持ちも負担ですから（笑）。

そう考えたら、お金の使い方、時間の使い方も変わってきました。

たとえば我が家も古くなり、手入れや修理が必要な箇所がいくつか出てきています。生活に不便をきたす場合は修理を頼みますが、手入れということには目をつむってしまいます。体が言うことをきかなくなってきたということもありますが、歳をとってくるとそういうことに時間を使うより、自分のための楽しみに時間を使いたいと思うようになったのです。

家なんかはどうでもいいということにして、代わりに旅行に行くときはグリーン車に乗ろう、いいお部屋に泊まろう、そういうところで贅沢をすることにしています。

全方向でお金も時間も使おうと思うと散漫な暮らしになってしまい、ていねいに暮らすことはできません。自分にとって居心地のいい生活でなければ、暮らしを縮小しても心豊かな生活を送ることはできなくなります。ものがほしいと思うのは、自分の生活の安定感とか自分自身の贅沢感がないからではないかという気もします。

食べたいものを食べ、口をききたくないときは口をきかない、寝たいときは人の目を気にせず寝られる、そうした自由な時間をたっぷりもてるいまの暮らしは本当に贅沢だと思います。家族がいるころは、毎日が忙しくて夕陽を見る時間もありませんでしたけれど、いまは暗くなるまで「きれいだわ」と思いながら夕陽をながめても誰からも何も言われないでしょう。そうした時間をもてることが、一番の贅沢。物もちではなくて、贅沢もちになったなと思いますし、そうした生活を「なんて幸せなのだろう」と感じています。

（構成・編集部）

●よしざわ・ひさこ　一九一八年東京都生まれ。文化学院文科卒業。速記者として活躍後、主婦体験を生かして料理や家事全般についての評論活動を始める。夫は評論家の故・古谷綱武氏。『前向き。93歳、現役。明晰に暮らす吉沢久子の生活術』（マガジンハウス）、『私の快適、気ままな老いじたく』（三笠書房）、『ていねいな暮らし』（清流出版）など多くの著作がある。

バカ高い住居費に付き合うことはない
# マイホーム信仰を捨ててみれば

住宅問題ジャーナリスト◎山下　和之

## 買うべきか、買わざるべきか

結婚して子供をもうけ、郊外にマイホームを購入する。このような幸せの構図――言い方を変えれば「マイホームを持ってようやく一人前」という価値観が形成されたのは、戦後、特に高度経済成長期においてです。

国民所得倍増計画が謳われた一九五〇年代から六〇年代にかけて、宅地造成が進み、郊外には大型団地が次々と建設されました。団地での西洋化されたライフスタイルが現代的ともてはやされ、白黒テレビ、洗濯機、冷蔵庫は豊かさの象徴で「三種の神器」とまでいわれました。右肩上がりの暮らしを国民の多くが信じ、実感できた時代だったのです。

一番のステイタスシンボルはなんといっても庭付き一戸建て。多少の無理をしても家を持てば、それは成功の証であり、「資産価値」として認められました。一国一城の主となって、社会に認められること。それが最も幸せであり豊かなことであると、政府は持ち家志向を助長し、かつ国民に対し消費活動を促しました。

しかし、その少し前の時代はどうだったのでしょうか。森鷗外や夏目漱石など明治の文豪の随筆や手紙を読みますと、彼らのような社会的地位の高い作家でさえ、借地に家を建て、または借家に住んでいた。お手伝いさんを置いているようなお宅でも、必ずしも自分の土地、持ち家ではなかったのです。

それより昔にさかのぼれば、江戸時代以前は土地の売買を自由にできませんでした。当然、庶民は長屋のような借家暮らしがほとんど。大名ですら幕府から借り受けた土地に屋敷を建てていた。

プライドにかかわることを「沽券にかかわる」といいますが、沽券という言葉はもともと、土地・家屋などの財産の売買の際に売り主から買い主に与える売り渡し証文で「沽却状」「売券」などといわれたのが語源です。この沽券という売買契約書を使って土地を売り買いできるのは一部の商人や地主だけだったのです。

だから、そもそも土地は所有するものではないという歴史のほうが長かったのに、戦後「借家暮らしでは一人前ではない」「家や土地を持って一人前」という価値観が形成され、根づいてしまった。

終身雇用が約束され、経済は右肩上がり。年々給与も上がっていく時代であれば、多少の無理はしてもマイホーム購入は可能だったでしょう。

しかし、この不確定な時代、そうしたマイホーム志向は根本から考え直したほうがいいと思いますね。

住宅ローンを完済する二十から三十五年のうちには家族構成や健康状態、勤務状況など家計に影響を与える変化が必ずあります。さらに住宅ローンというリスクを抱えれば土地と家に縛られ、身動きできません。転勤になれば賃貸などで人に貸すことはできますが、不在の間に必ずしも借り手がつく保証もありません。

転勤が多い、収入にばらつきがあるなどの不安要素を抱えているのであれば、無理をしないことです。見栄を張ってもなんの得にもなりません。大切なのは身の丈に合った暮らしをすることなのです。たとえいずれはマイホームを考えているとしても、就職や転職の際は、家賃補助や社宅のある企業を選ぶなど、とにかく住居費を抑える方法を選ぶことです。

## どうすれば住居費を抑えられる？

もともと日本の住居費、一戸建ての値段は世界的に見ても高い。日本不動産鑑定協会が毎年行なっている「世界地価等調査」によると、世界主要都市の代表的な住宅地における一戸建て（床面積一五〇平方メートル）の値段は、ロンドンの一億五一四一万円に次いで、東京（杉並区）は二位の一億八〇〇〇万円です。パリの七三四二万円、ニューヨークの五六八一万円を大きく上回っています。

これに加え、住宅を建て替えるときの平均経過年数は、日本は三十年、アメリカは五十五年、イギリスは七十七年です。これでは、日本ではどの世代もいつまでたっても住宅ローンから逃れられず、ただでさえ高い住宅購入費を払い続けることになるのです。

賃貸でずっと暮らしていくのは不安という方もいるでしょう。歳をとり収入が減れば、賃料を払い続けるのは大きな負担です。また、住まいをバリアフリーに改修したいと思っても賃貸では難しいなどの事情もあります。高齢者を対象とする家賃の安い公営住宅へ引っ越すという選択肢もありますが、都合よく空きがでるとも限りません。

持ち家を購入しておけば、老後にケア付きマンションや有料老人ホームへ移る際でも、家を売却して頭金の足しにできます。若いうちに多少の苦労をしても家を買う重みはそこにありますが、住宅ローンが負担になって人との付き合いが減る、趣味や余暇にかけるゆとりがなくなるなど、生活の潤いがなくなるのはなるべく抑えたほうがいい。ましてや子供の教育資金が捻出できない、住宅ローンが破綻するとなっては、本末転倒なのです。

## エリアのこだわりを捨てる

首都圏に限定しての話になりますが、どうすれば住居費を抑えられるのか。ポイントは三つです。

東京でいえば、人気の高い吉祥寺や自由ヶ丘などは中古物件でも割高です。しかし、その一つ手前、もしくは一つ先の駅となれば平均価格はぐっと下がります。

東日本不動産流通機構が行なった二〇一一年八月の調査によると、中古マンションの一平方メートルあたり単価は、都心三区（千代田区、中央区、港区）では七十五万円。城南地区（品川区、大田区、目黒区、世田谷区）と城西地区（新宿区、渋谷区、杉並区、中野区）では六十二万円。城北地区（文京区、豊島区、北区、板橋区、練馬区）は四十八万円。城東地区（台東区、江東区、江戸川区、墨田区、葛飾区、足立区、荒川区）は四十四万円と、都心三区と比較すると平方メートル単価に三十一万円もの開きがあります。

職場までの時間と距離などが変わらないのであれば、より安いほうを選ぶと考えればいいのです。それに勤務先に近いからといってそれが住環境や教育環境に恵まれているとは限りません。

緑の少ない都心よりも、郊外のほうが物価も安いから住みやすいという人もいるでしょう。

駅から離れた場所であればさらに価格は下がります。駅に近い物件にこだわらなければ郊外型の大型ショッピングセンターも増えていますし、公園や子育てする環境・制度の充実した郊外の住宅地のほうが利便性が高いケースもあります。

マンションを選ぶ際、眺望を大切にされる方もいますが、周囲の環境は変わるものです。近所に高層ビルが建設されたので、これまで見えていた富士山が見えなくなったということもあります。あと、私の経験から言うと、いくら素晴らしい眺望でも一年も見ていれば飽きる（笑）。

間取りにもよりますが、同じタワーマンションでも一階と最上階とでは倍ほども値段が違う。眺望のために倍の値段を払うのはもったいない。それに眺望の良い高層階のフロアは共有スペースになっていることもあります。眺めは共有部分で楽しんで、生活の場は低層階でも十分なのではないでしょうか。

住みやすい場所は仕事や家族構成、ライフスタイルによってさまざまなのですから、それに合わせてエリアへのこだわりを捨てれば予算を大幅にカットできるのです。

## 大手志向から堅実な中小企業へ

マンションや一戸建てを購入する場合、どこの会社から買うか。誰もが名前を知っている大手ハウスメーカーから買う人もいるでしょう。大きい金額の買い物だからこそ、信頼や安心感を大切にしたいというのは分かります。

しかし、この厳しい経済状況で着実に業績を伸ばしている企業もあります。一戸建てでは、大量供給によって低価格路線を追求する「パワービルダー」と呼ばれる企業群です。

マンションでは、分譲会社から売れ残った物件を安く買い取ってアウトレットとして販売する形態。完成した物件の在庫処分ですね。あとは分譲会社やゼネコンがマンションの工事中に経営破綻し、工事がストップした未完成物件。これをほかの会社が買い取り、工事を引き継いで販売するというものです。

アウトレットも未完成物件も、同じエリアの新築物件と比較して相場より二割から三割ほど安く売られるケースが多いようです。ただ、残念ながら最近は、アウトレットマンションなどは減少傾向にあります。

いずれにしても、それぞれ安い理由があるのですが、気にならなければお買い得な「訳あり物件」といえるでしょう。

パワービルダーと大手不動産業者の違いの一つに開発エリアの立地や規模があります。

大手の分譲する建売住宅は都心の駅に近い、物件一つ当たりの区画面積が広い、託児所やスーパーなど、生活に便利な施設が設置されている利点があります。

一方、パワービルダーの扱う物件は、郊外の駅から徒歩十分以上の物件や、高速道路、線路のそばなど、安いなりの理由があります。

しかし、マイカー通勤だから駅への距離は関係ない、夫婦共働きで昼間は不在にすることが多いので騒音は気にならないのであれば、こういった物件はお買い得でしょう。

一九八一年に改正された建築基準法で耐震基準が強化されましたので、大手不動産業者でもパワービルダーでも、耐震に関しては大きな違いは見られません。ただ、建物が丈夫でも地盤が脆弱であれば不安です。海沿いの埋め立て地だから心配、内陸だから大丈夫という問題ではありません。内陸部でも、そこが宅地となる前は沼地や湿地など、地盤のゆるい土地ではなかったか。図書館で古い地図を見る、自治体のハザードマップを見て調べる、地質調査会社へ依頼することもできます。

大手とパワービルダーの違いには、間取りプランやデザイン、設備や仕様などの要素も挙げられます。

外観や間取りのプランに変化をつけると、部材もそれぞれ異なるサイズのものが必要ですし、窓を大きくすれば耐震性や耐久性を備えるための工夫も欠かせません。間取りに自由度が欲しい、柱の部材にこだわりたいなどの注文が出れば、当然コストに反映されるでしょう。

大手メーカーの物件に標準装備されているシステムキッチンの食器洗浄乾燥機や浄水器、浴室のミストサウナや暖房乾燥機など、あれば便利な機能ですが、本当に必要な設備でしょうか。これらを設置するかどうか、また一流メーカーの商品かどうかで数十万から数百万円のコストの差ができます。もしこれらの設備がなくても、必要であればホームセンターや量販店、リサイクルショップで手に入るもので工夫できます。

立地や間取りや設備などの問題は、どちらが良いかどうかではなく、住む人のライフスタイルや価値観、考え方によって変わるもの。自分の生活や収入に見合ったものかどうかを見極めて、住まいを選んではいかがでしょうか。

## Uターン、Iターンも視野に

一生かかって働いても都心で庭付き一戸建てを買うのは難しい。たとえ立派な家を買ったとしてもゆとりとは縁遠く、ローンに追われる生活が続く。

それならいっそのこと、収入の多くを住居費で占められる暮らしに見切りをつけて、まったく別な暮らしを視野に入れるのもありだと思いますね。

よそからの移住を歓迎している自治体の中には、林業や漁業、農業など後継者不足に悩むところもあります。体験ツアーや研修制度などを実施しているので、仕事のめどさえ立てば、と考える人にはうってつけだと思いますよ。

住環境の補助を行なっている自治体もあります。

北海道の浜頓別町は、稚内から南東へ九十キロのオホーツク海に面した人口四千五百人ほどの小さな町です。

ここでは町外からの移住・定住を促進するため、平成十年度から「ふるさと定住促進宅地」という制度を始めました。

これは、浜頓別町に住むことを条件に百坪の土地を三年間、無償で貸し付けし、この期間中に自己の住宅を建築し居住したら、貸し付けした土地を無償で譲渡するというもの。移住して、住まいさえ建てれば百坪もの土地が無料で手に入るのです。

ほかにも多くの市町村がウェブサイトで自治体内の空き家情報を掲載していますし、各地に田舎暮らしを応援するNPOが設立され、情報収集できるサイトも多数あります。

また、浜頓別町のように市町村内に家を建てて定住すれば助成金が出る自治体もあります。ふるさとでなくても、気に入った土地であればこのような制度があるかどうか確認してみてはどうでしょうか。

もしそのような制度があれば、賃貸で数ヵ月間暮らしてみることをおすすめします。希望するエリアの土地柄、気候などが合えば、空き家や古民家を探す、家を建てるなどの方法で移住するというのも一つの方法です。

ただ、それは仕事や暮らしそのものを一から変えるという重大な選択になりますから、熟考してということになりますが。

（構成・編集部）

●やました・かずゆき　一九五二年鹿児島県生まれ。同志社大学卒業。住宅・不動産分野を中心に取材・執筆を行なうほか、講演活動も。近著に『格安マイホームを手に入れる本』（ぱる出版）、『プチプラ物件のすすめ』（中公新書ラクレ）など。

思わぬ病で「棄てた暮らし」と「得た暮らし」

# 「再生」を支えてくれた小さな珠玉

エッセイスト◎安房　文三

## 緑陰浅酌

古なじみのその友人とは、いまでもときどき会って酒を酌む。たいていはなじみの場末の酒場で、わずかな肴をつつきながらぼんやりとすごす。わたしは、それだとか、これだとか、ああとか、うんとか、間投詞めいた挨拶を返すだけで、あとは黙って相手の話を聞いている。つき合いといえばそんなふうなつき合い方だ。

込み入った話題になると、ごくたまにそこらの紙切れに筆談まがいの単語を書き殴る。それだけでわかってもわからなくても、お互いそんなものだと心得て、あっさりやりすごす。

だから話題も天下国家とは無縁な、淡々とした身辺雑話になる。入れ歯をうっかり呑み込んでレントゲンを撮られた話とか、飛び込んだ碁会所で、あなたと打てそうな客はいないと恐縮され、何か強そうに見えたらしいな、と頭をかいてみせるとか、さっき高架線から見た夕日がきれいだったとか、そんなたわいのない片言隻語を肴に、ぼんやり酒を酌む。

うんうん、わかるね、慌てたね、きっと、などと相槌を打つ。そんなとき、友人にはわたしのむかしの声が聞こえているらしい。

わたしが相槌を打つ、あははと笑う、苦い顔をする。そこにむかしのわたしの声が重なる。そんなものさ、と友人は笑ってみせる。それだけで、ああ、いい酒だったなと思う。

友人とは月に一度か二度、手紙や葉書で近況をつたえ合う。

入れ歯ががたがたしはじめて、菜っ葉も蒲鉾もビフテキもフランスパンも喰えない。タケノコもワカメもコンニャクもダメ。ウニを肴に熱燗、なんてのがせめてもの愉悦ですなとか、歯医者に駆け込んだら、可愛い女医さんに、あたしには手にあまるわあ、と匙を投げられたとか、どうも年々歳々滅入るばかりで、いいことなんぞありませんねとか。

すると、打てば響くように返信がくる。

歯はかったるいね、原初的な喜びを台無しにするからね。知り合いに歯医者がいて、小学校時代は「悪がき」、中高は「ラグビー部」で、ゴツイ指でかなりいい仕事をしている。よかったら紹介するよ、などと言って寄越す。

そんなあげくに、三月に一度ぐらい、場末のなじみの飲み屋で落ち合っては、ぼんやりと酒を酌む。

友ありき

ふたりがはじめて出会ったとき、友人はせっせとガリ版を切る中学校の英語教師、わたしは雑誌の編集者だった。かれこれ三十数年前の話になる。お互い三十代の脂の乗り切ったころで、初対面からよほど気心が合ったのだろう、気がついたら四十年近くというもの、仕事そっちのけで、ひまを見つけては酒を酌むという、幼なじみみたいな懐かしい間柄になっていた。

友人は安保闘争華やかなりしころの由緒正しい活動家だが、わたしにはむかしの話をしたことがない。活動家歴が災いして公立学校の教師になれず、紆余曲折があってS学園の英語教師に雇われ、そこでせっせとガリ切りに没頭したあげく、やがて中学校長となった。数年前、その校長を定年退職したあとは本を読んだり、囲碁を打ったり、好きな映画を見たり、ウォーキングに精を出したりと、気ままに余生をすごしている。

むかし、わたしが喉のがんを告知され、摘出手術で声を失うと知らされて、手術なんかしたくない、放射線なり化学療法でダメだったら、それでもかまわない、と細君を困らせていたとき、声なんてなくなったって、あなたは生きなければいけない、ぜったい手術をすべきだよと、くどくどとわたしを説得したのは友人だった。細君が、あなたはいい友だちを持っているわね、とひっそりとつぶやいたのはそのときだ。

結局、五十歳の冬に、わたしは声をなくし、仕事からもリタイアした。職場を離れ、応答もままならない男に、世間は見向きもしなくなっていたが、そんなときも、以前と変わらぬのんびりとした声で、どう、ひさしぶりに熱燗でも一献、と電話をかけてくるのが友人だった。

ふたりでぼんやり酒を酌んでいると、わたしは自分がコワレモノなんだと意識することがない。やわらかくこちらの不如意を包んでくれている、そんなふうに思える。いたわりとも違う、もっと意識せざる魂の共感とでもいったものだ。だから黙って耳を傾け、酒をすすっているだけで、ごく自然に心が和んでくる。

こんなことにならない前に、あなたと旅をしたかったたねえ、とわたしが声をなくしてしばらくして、そう友人がつぶやいたことがあった。お互い気紛れだし、いざふたり旅となると気苦労で苦り切る、というのがオチだったろうが、それもこれも承知で、あなたと旅をしたかった、と話してみせる友人の心根が身に沁みた。

コワレモノをいたわるように、熱燗、もう一本呑むかね、と友人が笑いかける。ああ、そうしましょう、とこちらも微苦笑を返す。テーブルの上には空になった二合徳利が三、四本ころがっている。いつもそうなのだ。友人と呑みはじめると、いくらでも酒が入る。黙って話を聞いているだけなのだが、何かすっかり話し込んだ気持ちになる。悪酔いすることもない。それだけのことだが、ああ、うまい酒を呑んだと、ふつふつと人生の愉悦のごときものが湧き上がってくる。

宵闇に浸る街をぶあつい胸板の友人と肩を並べて歩きながら、そうだ、友人のこのぬくもりが失意のどん底から俺を引っ張り上げてくれたんだなと、そんなことを考えていた。


その日……

ビデオの画面に、気管切開患者の裸の上半身が映っている。まぶしそうにカメラを見つめる初老の男。その男の痩せた胸元にぽっかりと開いた異形の孔。アー、アー、アー、イー、イー、イー、ウー、ウー、ウー……。苦しげな男の口もとから漏れる、けものの唸り声のような、ひしゃげた野太い声。

それは目を背けずにはいられない、何か堪え難いものだった。これでも人の声なんだろうか。

医者はかまわずつづけた。ふつうなら手術後二ヵ月ぐらいたったら、食道発声の訓練に入るわけだけど、あなたの場合、食道の発声帯を残すのが難しいから、どうかなあ。三田にそういう団体があるから、まあ、やるだけやってみたらどうか。

「手術なんかしたくない。しないで済ませたい。あとあとのこともあるしね」

そういってさんざんてこずらせたあげく、餓死だ窒息だと脅迫する医者の脅しに負けて手術を承諾したとき、細君とふたりしてそんなビデオを見せられたのだった。

声を失う、ということに未練があった。未練というより、もっと切羽つまった悲鳴のごときものだった。

五十にやっと手がとどいた年の夏、その年は記録的な猛暑だったが、仕事がらみの旅で名古屋、岐阜、郡上八幡と安宿を泊まり歩いた。炎天にさらされ、寝不足と宿酔いでふらふらになりながら、それでもポケットウイスキーは手放さなかった。からからに渇いた喉にウイスキーがじりじりと沁みた。

それががんの予兆だった。病院で検査を受けたときには、すでに食道がギザギザに狭窄していて、腫瘍が咽頭部の気管を圧迫していた。もう猶予はないんだよ、と医者がいった。

がんは手術で摘出するしかないけれども、場所が場所だけに声帯を残すことはできない。手術後は胸から気管の管を出して、そこで呼吸をすることになる。だからもうしゃべることはできない。それが結論だった。

奈落の底を見た、と思った。俺は真っ逆様に墜落したのだ、と思った。声を失う、ということがふるえるほど恐ろしかった。なにもかもが終わったのだ、とも思った。

酒場も職場も友人たちも旅も女も、それらことごとくが烟のごとく霧散してしまう。あとには声をなくした初老の男がしょんぼり肩を落として佇んでいるだけだ。

手術後まる二昼夜は、全身に力を込めてからだを硬直させていた。金縛りにあうというがそんな感じだった。四肢がはりつめた緊張の極でふるえていた。こちらの内部の感覚ではそうだった。

夢を見ていた。五〇メートルプールを取り囲むようにして、Tシャツに二本足で立っている豚の群れの、こちら側はすでに半ば上体が溶け出していて、それが人の内臓でものぞき見ているような気味の悪さだった。ガス麻酔をされ、意識を完全に失っている患者が、いままさに切り裂かれている自分の内臓を内的に知覚することができるのか。それがありそうだという実感を強くもったのだった。

「手術が理想的にいったので、自分としては納得がいくまで治療をしたい。ついては来年早々、毎週月曜から金曜日まで毎朝五分間、コバルト照射をしたい。治療には五週間かかる予定です」

医者はそう言い置いて病室を出ていった。

## 唐津のめざし

「かくれすむにはいいところよ」

細君がそういって笑った。

年が明けた春先、旧宅を娘たち夫婦に託して、わたしたちは退院したその足で、ごみごみとした町場の路地裏のアパートへひっそりと移り住んだ。

野の生きものたちが、丈高い梢や急峻な岩場の棲みかで疵ついたわが身を養うように、わたしたちも見知らぬ町の片隅にかくれすんで、こわれた病後の身を養うことにしたのだった。六畳と三畳ふた間の西日のあたる侘しい部屋である。

冬の夕方、西日は六畳の部屋を横切って台所まで差し込んできた。三畳はわたしの医療用の電動ベッドで身動きがつかないほどだったから、わたしたちが暮らしていたのは六畳ひと間といってよかった。その六畳にちゃぶ台を置き、古びた整理箪笥と洋箪笥を置いた。それにわたしの仕事机のちゃぶ台もベランダの窓際に据えたから、部屋にはもう余分な空間はなかった。

そんなちっぽけな棲みかで、わたしたちはちゃぶ台に差し向かいになって、時間をかけてぽつりぽつりと飯を喰った。

細君がろうけつ染めに使っていた、手のひらに収まるほどの小さな電気こんろをテーブルに据え、唐津のめざしを炙る。赤子の握りこぶしぐらいの小さな焼きお握りを二つと、炙っためざしが三匹、それがわたしたちのささやかな、しかしぜいたくな昼餉だった。

そんなささやかな昼餉でも、がん摘出の後遺症に苦しむわたしたちには、紆余曲折のはてにやっとたどり着いた、ひだまりのような至福の宴だったのだ。

胃をつり上げて食道再建をしているわたしは、外食はもちろん、外泊や旅でさえ断念するしかなかった。自動販売機の缶コーヒーひとつ、飲み干すのが苦労だった。いくら腹が空いても、店屋に飛び込んで飯を喰うことも、酒場でビールをすすることもできない。そのつらさは、三日と空けず酒場に入り浸っていたわたしには地獄の責め苦だった。

ラーメン屋から出てきた男が、ズボンのバンドを緩めてぶるっと身震いするや、ぐいと額の汗をぬぐって立ち去っていく。夕闇が迫る大衆割烹のガラス戸越しにビールや酒を酌み交わす男たちの胴間声がもれてくる。コワレモノの悲哀をひしひしと感じさせられるのはそんなときだった。

唐津のめざしはだから、わたしたち夫婦がかくれすむアパートで這うようにしてたどり着いた、ささやかな「再生」への一里塚のようなものだったのだ。

アパート暮らしが七年近くつづいたある日、わけあってわたしたちは場末のアパートを切り上げ、二世帯住宅に建て替えた旧宅跡へ戻ることになった。もともといっとき世間の目を避けてかくれすむ仮の棲みかと割り切って暮らしてきたはずだったが、いざすみなじんだアパートの部屋を引き払ってみると、あの六畳間の侘びずまいの日々が無性に愛しく思えるのだった。

いま思い返すと、こわれたからだをいたわりながら、細君とふたりきりでままごとのようにすごしたアパートの日々は、ふたりにとって夢のような時間だったと思う。

大患のあと、友人知人の大半は音信が絶えた。こちらから絶った、ということだったかもしれない。俺は一度死んだのだ、と臍を固めたのだったろう。

断念すること、少しずつ現実との違和になれること、そんな自身と折り合いをつけること、それがガン疾以降、わたしが身につけた生存の流儀だった。

コワレモノとなって戻ってきた旧宅の界わいは、七年のあいだになにもかもが変貌していた。わたしは戸惑いと自失の中で、臆病な虫けらのように、少しずつ触手を伸ばしていった。

若い友人たちが声をかけてくれ、ぽつりぽつりと仕事もこなすようになった。もともと無口だったせいもあって、いつか声の不如意にもなれていた。飲み屋や緑陰で友人と酒をすることもできるようになった。

世田谷のボロ市をのぞき歩いて、「宝永四年」とかすかに読める石観音を手に入れたり、馬事公苑のせともの市で、小さな格子を穿った、四角い優美な茶香炉を探し出してきて、仄かにゆれる蝋燭の灯で、ふくいくとした茶の香りを愉しみもした。

そんなある日、家具屋の棚の隅で、ずしりと持ち重りのする、なんともユーモラスな木彫りの眠りネコを見つけたのだった。バリ島の木彫り職人がこつこつと彫り上げたという、素朴を絵に描いたような「夢見るネコ」の彫り物である。前足を顎にあてがい、後ろ足の足裏を天井に向けて、腹ばいになってこくんこくんと眠りこけている。それがなんとも朗らかで、のほほんとしていて、とつとつしたぬくもりがあって、太っ腹なようで、見ているだけでぐふぐふと笑いがもれてくるような木彫りのネコなのだ。

ラベルに「ドリーミング」とあるから、眠りネコというより、南の島のシャングリラにでも思いを馳せているのかもしれぬ。とんだ散財になるな、とひるんだが、どうにもほしくてたまらず、大枚四九五〇円を支払って手に入れてきた。その「バリ島の眠りネコ」を玄関の靴脱ぎの棚の上に置いて、老妻とふたり、ぐふぐふと忍び笑いをこらえているのである。

声が出て、だれかれとごくふつうに話をしていたころといまと、何がどう変わったのか、よくわからない。むかしのことはすでに遠い彼方に去っていて、きれぎれにしか浮かんでこない。やあ、お久しぶり、とあいさつをする。だれそれは元気かとか、仕事ははかどっているかとか、細君は息災かとか、そんなたわいのない話をして、それが懐かしさを醸し出す、ということがある。ありふれた、とるにたりないことだが、そのとるにたりないあいさつを断念する、というところから、わたしたちはふたりだけの小さな暮らしをはぐくんできたようである。

●あぼう・ぶんぞう　一九三五年東京都生まれ。月刊『望星』元編集長。業界紙、出版社、広告代理店、印刷会社、雑誌編集者を経て文筆業へ。八五年、喉頭摘出で音声機能を喪失。現在、月刊『望星』誌上に長期連載コラム「街の記憶」を執筆中。

# 亡き母が教えてくれた「美しいものを求める心」
# 小さく暮らして豊かに育てる

作家◎太田　治子

## 商店街の小さなお店

今年（二〇〇四年）の春、十三年ぶりに大きな引っ越しをした。横浜から東京都世田谷区へ舞い戻ったのである。娘の万里子が生れてから二歳半までを過ごしたこの町は、十三年前とあまり変っていなかった。厳密にいえば、最寄り駅の小田急線のQ駅はエスカレーター付きの高架に変化していたし、駅前の商店街も新しい店が増えて活気が増したようであった。

「縁日みたいだね」

引っ越し当初、夜が更けても赤々と灯がともる商店街を一緒に歩きながら、十五歳の娘は声をはずませていった。横浜といっても、鎌倉に近い山を切り崩してできた新興団地でもの心ついた彼女は、商店街は夜になるとシャッターを下ろすものと考えていたようであった。そのかわり、団地の近くには立派な駐車場を持った大型スーパーがあり、そこだけは夜遅くまで営業を続けていた。

新しいわが家の周辺には、そうした大がかりなスーパーはない。かわりに小さな商店が、どの店も生き生きとがんばっているのである。殊に新しい家から近い側の商店街は、お魚屋さんもお豆腐屋さんも和菓子屋さんも本屋さんも皆、御夫妻だけで店をきりもりしている。本屋さんもそうなのだった。

小さな店がいいのは、一生懸命に働いている姿が実に親しみ深く伝わってくるところにある。お魚屋さんに、定休日はない。夜も八時ごろまで開店している。いかにも若々しい中年の御夫妻だから心配はないように思うものの、いったいいつ休息されているのか、やはり気がかりなのだった。このお店の魚は、とてもおいしい。焼き魚のイシモチもクロダイもかつて横浜のスーパーで買っていた魚とは比べものにならないくらいに新鮮で身が引き締まっている。

「どうして海が遠い世田谷のほうが、お魚がおいしいのかしら?」

母娘二人でそう首を傾げつつ、ほとんど毎日お魚を食べているのである。

お豆腐屋さんの豆腐もがんもどきもおいしい。毎日決った数しか作っていないので、夕方もあまり遅くなると売り切れてしまう。私はこのお店の、小さいほうのがんもどきが大好きなのだった。小さいから、良質のなたね油を使って揚げているのがよりはっきりとわかる。そのままでもおいしいし、さっとあぶったものにおろし生姜を付けてもいい。高校生になった万里子の翌日のお弁当のおかずにも、丁度よいサイズなのだった。

この年輩の御夫妻のお豆腐屋さんには、万里子が赤ん坊の時からベビーカーで買物にでかけた。満一歳の誕生日を過ぎてまもなく、ようやく歩きだしたことが嬉しくて、手をつないでお豆腐を買いにいった帰りのことである。

「抱っこ」

「抱っこ」

彼女はそういって道の途中で、何度もエンコをしてしまった。そのたびに私は豆腐を片手に抱っこを繰り返した。お陰ですっかり腰を痛めて、翌日には起き上がることもできなくなった。

それでも豆腐はいささかも壊れることなく、無事だった。いかなる場合も大切にしたいと思わせる上質な豆腐なのだった。豆腐の種類は一種類、木綿とか絹の区別がないところも却ってすっきりと好ましく感じられる。奥さんは控え目、商品を作る御主人のほうが店に多くでているところも、年輩の御夫妻の店の特徴である。

やはり本屋さんもそうなのだった。お豆腐屋さんより更に年上の上品な感じの御主人がいつも店番である。この小さな書店は閉店時間が暗くなったらすぐと、少し他の店より早い分、私が夕方通りかかる時には閉まっていることが多かった。たとえ店が開いていても、ひっそりした雰囲気があり、引っ越しをしてきてからずっと気になる店だった。

ある日、いつもより早く家に帰ることができた私は思いきって中に入った。半藤一利氏のノモンハン事件を扱った本の文庫本が眼に飛びこんできた。間口は狭くても、なかなかに文庫本が充実している店だったのである。店番の御主人は姿勢がよく若々しい七十代前半の方にみえた。

「私は世田谷の連隊に入営しました」

彼は文庫本にカバーをかけながら、初対面の私にそう話しかけた。思わず私も姿勢を正した。そうやって自らの過去を話して下さったのが嬉しかった。それ以来私は、週刊誌一冊でもコンビニエンスストアーで買うことなく、その本屋さんで買うようになった。雑誌も決った数しか入荷されないらしい。ぐずぐずしていると、お目当ての雑誌が売り切れてしまっていたりする。それでいいのだと思う。お豆腐屋さんと同じように、いつも決められた数だけきちんと売れることが理想である。欲をだしてお金もうけをしようという心が起きたら、商品を大切に売ろうという気持は薄れていくのに違いない。

本屋さんの並びにある和菓子屋さんも、年輩の御夫妻が二人で店をだしている。ここだけは、店先に立つのは奥さん、お菓子を作るのは御主人となっているようだった。毎日何通りもの和菓子が十個とか二十個作られて、それがきっちり売り切れるらしい。引っ越ししたてのころに売られていた桜モチは、アンコがたっぷり入っていて感激した。娘は今、アトピーの治療のためにアンコ類を控えている。母親の私はお客さまがきた時だけ、甘いものを食べるのである。今は、柏モチがおいしい。ミソ味も粒アンもコシアンもどれもしっかりと正しい甘さがある。アンコの味は御主人が決めても、それを柏の葉に包むのは奥さんであろう。二人三脚の仲のよさが、そのままよいお味となって表れている。

「治子ちゃんがおかあさんとお店を開くとしたら、おまんじゅう屋さんね」

作家の瀬戸内寂聴さんがまだ晴美さんであられた時分、そのようにおっしゃった。当時二十代なかばだった私が、母娘二人、これからどうしたら生活していけるか考えていたころのことである。私は小さなお店の中で、母と並んでおまんじゅうを作っている光景を思い浮かべた。瀬戸内さんがおっしゃる通り、それは確かに二人には似合っているという気がした。二人とも、おまんじゅうは大好きである。それだけに、アンコをねり、まんまるなおまんじゅうを作っていくという作業は、誰よりも気心の合った母とやってみたかった。

## 母が教えてくれたもの

生れた時からずっと母一人、娘一人の生活を続けてきた。一緒におまんじゅうを作った記憶はないものの、よく小麦粉をねってスイトンを作って食べた。戦後に生れた私は、戦時中の常食だったというスイトン汁の味は知らない。しかし、小麦粉を水でよくねって耳たぶの先ぐらいの柔らかさになったところへ更になめらかさを増すためにサラダ油を少し垂らして作るスイトンは、とてもおいしかった。それを味噌汁に入れて食べる一方、熱湯でゆがいたものに黒砂糖を付けて食べると、それは美味なお菓子となった。

「これは、大分ではヤセウマというらしいの」

ある時、母が一緒に食べながらそう教えてくれた。大分県は、母の両親のふるさとだった。近江に生れ育った母は、一度もいったことのない大分にあこがれていた。母と共に本籍が大分の私も、いつかいってみたいところだった。

「ヤセウマか。どうして、そんな名前を付けたのかしら?」

小学生の私はそのように聞いたが、母は何も知らなかった。

今改めて考えてみると、このヤセウマというお菓子は、その名前からもきわめて私たち母娘に合っていた。未婚の母として女手ひとつで私を育てるために、母は毎日粉骨砕身、倉庫会社の食堂で働いていたのである。食堂関係の仕事をしていたせいもあり、母はそんなにやせてはいなかったが、することはいつも「ヤセウマ」の感じがした。早朝からの勤めに疲れはてた揚句アパートの階段を踏み外して片足に全治三ヶ月の複雑骨折をしたり、食堂ののこりのゆでたホウレン草のへたの部分だけを食べ続けたせいで耳の下に「こぶとりばあさん」のような蓚酸のこぶができたりした。

　そのような母であっても、美しいものへのあこがれを持ち続けていた。ルノワールの少女の絵が好きだった母は、絵の切り抜きをボール紙に貼り、私が学校へ持っていく時の紙挟みを作ってくれた。絵本がボロボロになりそうになると、やはりルーベンスの名画を貼って補修した。そうやって私は十六世紀末のベルギーの画家ルーベンスの新婚時代の妻イサベラとの肖像画を、理想の御夫妻と仰ぎ、大きくなったのである。いかにも穏やかなセントバーナード犬の感じがするルーベンスと手を握り合って微笑むイサベラ夫人は、それはつつましく聡明そうにみえた。もし私が男性であったら、このような女性と結婚したいと幼な心に思った。

　そうした絵の中の御夫妻のようなカップルが、今わが町の小さなお店をそれぞれに守っていらっしゃるのだった。大きなビルにすることもなく、このバブルの嵐をくぐり抜けてこられた御夫婦の一組、一組が、私には名画の中のルーベンス夫妻のように輝いてみえる。かつてはこうした御夫妻が、日本にもたくさんいた気がする。それが「使いすて」という言葉がさもいいことのようにいわれはじめたころから、目立たなくなっていった。

「となりの車が小さくみえます」

　高度経済成長さ中の車のコマーシャルは、今思い出しても悲しい。自分の家の車だけがひときわ大きく目立つことがよいと思われていた時代は、優しさとかつつましさとかいったものは馬鹿にされていたのではなかっただろうか。

「ヤセウマ」なんてお菓子とはいえない、大味な大量生産されたケーキを喜ぶ時代が長かった。防腐剤をふりかけたケーキも和菓子もなるべく食べたくない。延命剤の入った生花も虚しい気がする。花は一輪でも、心が和む。花を一本だけでも喜んで売ってくれる花屋さんがいい。そのように心から思うようになった。

## 捨てたものと置いておくもの

引っ越しをしてきて二ヶ月以上がたった。しかし、部屋の片づけはまだまだである。一方、洋服は随分と整理した。この十年間、一度も着ることなく洋服ダンスに吊り下げていたものはすべてなくなった。ショールもおおかた処分して、カバンも殆ど捨てた。すると心がすっきりとしてきたのである。そうした中で、七十年前に祖母が作ったというレースの手提げや、母が晩年にかぶっていたグレーの毛糸の帽子だけはどうしても持っていたかった。手提げはレトロブームの折り、ちょっとしたお呼ばれの時などにも使えそうだし、毛糸の帽子はかぶることはなくても、それをみているだけで母の笑顔が浮かんできてしみじみと嬉しい。

新しい家具は、ダイニング・テーブルのセットを買っただけで、あとは何も買っていない。テーブルはそこで原稿を書くためにも、どうしても必要だった。相変らず鉛筆で原稿を書いている。

「ママ、いくらなんでも鉛筆書きとは時代遅れよ」

万里子はそのようにいうけれど、できる限りこのままでいきたいと思う。鉛筆と消しゴムさえあれば、電車の中でも原稿を書くことができる。時間と場所を選ばない。ノートパソコンよりも、眼が疲れなくてすむのではないだろうか。

部屋には、母が中学一年の時に買ってくれた青いエンピツケズリがある。つい最近まで使うことができたそれは、引っ越しの時に傷めたらしく、ついに動かなくなってしまった。しかし記念として、しばらく手許に置いておきたいと思う。仕方なく新しく買ったエンピツケズリももちろん以前と同じ手動式であり、電動ではない。がらがらとエンピツケズリを手でまわすのが、好きなのである。その時間に心を落ち着かせて、原稿に向うことができる。

母も、文章を書くことが好きだった。新聞の折り込みのチラシや包装紙の裏を糸でまとめて、メモ帖として使っていた。母の丸っこい字が書かれたメモ帖が何冊もあって、私はそれらも決して捨てることができない。母の字はなつかしい。誰のものでもない母だけの字を大切にしていきたいと思う。チラシや包装紙からも、その時代が思い出されてきてなつかしいのだった。

母と二人暮しのアパートの部屋には、長いこと暖房器具がなかった。高校生になってもなお、小さな電熱器ひとつで暖をとっていたのである。蚊取り線香のようにくるくると電線の巻かれた電熱器では、銀杏も香ばしく焼けたし、一石二鳥でとても便利だった。

　今度引っ越したマンションは、3LDKである。ここに引っ越したての寒の戻りのころにも、滅多に暖房器具をつけなかった。元来冷え症気味ではあるけれど、電熱器時代のことを思い出すと、厚着をしていればいいのだと思い当るのである。かつて電熱器ひとつのわが家へみえた寒がりのお客さまがコオトを着たままおしゃべりをされていたことをなつかしく思い出す。

　夏もできるだけクーラーは避けたいと思っている。しかしマンションの一階のわが家は、ずっと窓をあけておくと不用心かもしれない。かつて住んでいた横浜の団地はその点、十一階だったので安心感があった。夏がくる前の今から、そのことだけが残念に思われるのである。


古い箸置きを傍らに……


　経費を切りつめて生活するには、私の場合、東京のほうが便利のように思う。

まず交通費が少くてすむ。目下週の半分は都心にでている。横浜からでは、交通費だけでも大変だった。更に車を運転できないから、大型スーパーでの買いだめができなかった。しかし私は今、小さな個人商店で買物することに喜びを見い出しているのである。

　それでも、駅前のスーパーを利用することも多い。夜になると、生ものは半額となる。これが狙い目なのだった。冷凍しておいても味が変らないものは、この際買っておく。しじみやアサリは、いつも冷凍である。

掃除は苦手だけれど、料理を作ることは嫌いではない。時間をかけずに、さっと作りたい。箸置きは、母がもの心ついた時から使っていたという小さな鳩の陶製のものに決めている。そろそろ九十年目になろうとしているらしい箸置きを傍らに、万里子と食事をする時が、一日の何よりの楽しいひとときなのだった。

毎日の食事をおいしく食べながら、二人で今日のそれぞれのできごとを話し合う。駅から家に帰る途中にどのような猫に出会ったかというだけで大いに盛り上がるのだった。呑気な私と娘を、三十年前に母が買ってくれた小さなイタリアの木彫りのがちょう番の少女がみつめている。

●おおた・はるこ　一九四七年神奈川県生まれ。父は太宰治、母は太田静子。『津軽』で婦人公論読者賞を受賞、『心映えの記』で坪田譲治文学賞を受賞。ほかに『時こそ今は』『明るい方へ　父・太宰治と母・太田静子』『石の花　林芙美子の真実』『夢さめみれば　日本近代洋画の父・浅井忠』など著作多数。

人生テーマとしての「ビンボー主義」

# 都市で「森の生活」を実践し続けて

「後端技術」研究家◎久島 弘

## 収入増に怯える

二十八年前に移ってきた「風呂ナシ、六畳一間」の下宿に、私は今も住んでいる。天井のはだか電灯は当時のままだし、何年後かに被せた「笠」――クロネコヤマトの厚紙を丸く切ってアルミ箔を貼ったもの――も健在だ。もっとも電球は、長い旅行に出たとき、留守番をしてくれた友人が、省エネタイプの球に替えていったが。畳の上の薄いカーペットは擦り切れて穴が開き、三、四年前からダンボールで接ぎ当てしている。すっかり錆の廻ったガスレンジは寿命間近と思われるが、幸い現在はガスが止まっており、自炊はカセットコンロが頼り。唯一の暖房器具であるガスストーブも、押し入れのコヤシと化している。

もともと、私にはビンボー生活者になる素地があったのかもしれない。学生時代、ソローの『森の生活』に憧れた。就職を機に一人暮らしを始めたとき、部屋の真ん中にテントを張り、薄い寝袋で寝起きし、メシは簡単な食事をキャンピング・ガスで作っていた。精神はソローのままで、『町の生活』をやっているつもりだった。

最初の冬を迎えるころ、栄養失調症になった。体感温度は栄養状態に左右される。「昭和二十一年の冬は寒かった」という戦争経験者の述懐はこれか、と納得したりした。丸めた新聞紙を寝袋に突っ込んでも悪寒は止まらず、やむなくベッドと布団を買い、ガスレンジや冷蔵庫なども揃えた。健康関係の本を探してきて、カロリー計算もしてみた。

春に入って、ちょっぴり給料がアップした。

私は「やばい！」と直感した。

右肩上がりの安定収入では、ローンが組めて、手持ちの現金以上の買い物ができてしまう。あれこれ家電製品を置いたり、好みのインテリアやカラーで室内を統一できたりもする。しかし、望み通りの暮らしを築き上げてしまったら、そしてローンが残ったら、結果として会社や仕事に縛られることになりはしまいか。収入や生活水準を維持せんがために働き続けるのか。そう考えると、空恐ろしくなった。

だったら答えは簡単だ。生活水準を上げなければよい。生きてゆくために最低必要な衣食住は何々で、幾らかかるのか。そのデータとノウハウさえ押さえておけば、いつだってゼロから再スタートを切れる。私は『アンチ上昇主義』を決意し、はだか電球をそのシンボルとした。

「途上国」で学んだ暮らし方

案の定、会社勤めは二年と続かなかった。僅かな預金を降ろして訪れた東南アジアは、人の多くが寿命を全うできず、片や道具は寿命を過ぎてもコキ使われる世界だった。

モノのない世界で、知恵と柔軟な発想を武器に、人々の暮らしは営まれている。必要な道具のいくつかは、既製品や廃物のパーツを流用し、それらの組み合わせで出来ていた。

チェンマイの、とある素焼き皿の工場では、手押し車のタイヤに丸椅子の座板を貼りつけてロクロにしていた。目を瞠る工夫に私は唸り、アタマを使う楽しさを教えられた。

奥地のラフ族の村では、野生の自然薯掘りに連れて行ってもらったとき、あまりの地面の固さに、持参した鍬《くわ》の柄が折れた。本日のイモ掘りは中止か、と思ったが、彼らは手近の灌木を山刀で切り倒し、アッという間に柄を再製した。私はリカバリーの力に圧倒され、道具をフル活用するスキルに舌を巻いた。一本の山刀を、高地族の人たちは、まるで多機能工具のように使いこなす。世話になったカレン族の男が、時間をかけて硬木から作り上げた頑丈な鋤《すき》には、芸術作品の趣きすら漂っていた。この創意工夫と自主独立の精神は、私のビンボー旅や、その延長ともいえる日常生活の基本姿勢となっていった。小型の多機能ナイフやペンチ、針金などは、今でも私のウエストバッグに欠かせない小道具だ。

中南米を移動中、袋入りのインスタントコーヒーが湿気て困った。ベトベトになった中身が、輪ゴムで留めた口から滲み出し、荷物を汚す。市販のジップロック袋を買うのもシャクだし、手軽に密封する方法はないものか。そう思って見ていると、土地の人たちはライター一個で稚拙な熱着を行なっている。

それにヒントをもらい、手もとにあった割り箸なども活用して完璧に封をする方法を、三日がかりで考案した。この技術のお蔭で、パスタなどの使用済パッケージから、欲しいサイズの袋を作り出せるようになった。さらに、ロール型の筆入れやパスポートのビニールカバー、ネガ袋など、なくて困っていた小物もあれこれ自作し、荷物の整理は各段に良くなった。

## ビンボー主義者の調理法

帰国後、家庭用のシーラーを発見し、南米原産熱着術の出番は減った。が、今でもほとんどのプラ袋は捨てずに取っており、様々にリサイクルして使っている。その登場が、ゴミを資源に変える。本当に有用な技術や道具とは、そういうものではないか、と私は思う。

二度目のアジア長旅では、下痢続きで体重が四十五キロを割り込み、ネパールで自衛のために本格的に自炊を始めた。

市場で買い出し、自分で作って食べるのは楽しい。けれど、蛇口から糸のような水しか出なかったり、共同井戸まで距離があると、食後の洗い物は一仕事になる。節水技術を磨き、帰国後も試行錯誤を繰り返した結果、私は『三点セット』による後片づけスタイルを編み出した。三点とは、ゴムべら、水を入れた小さな霧吹き、それにティシュー二、三枚だ。これで、油汚れも含め、文句のないレベルまで汚れは落ちる。洗剤は使わない。だから洗い流す必要がない。お蔭で、日常的にも私は洗い物をしなくなった。家電メーカーは食器洗い機の節水効果をＰＲしているが、このテクに較べれば、文字通り湯水のごとき消費だ。

そのカトマンズ滞在中、バザールで買ってきた野菜が僅かな塩味だけで美味しい野菜スープになるのを知って、私は本当に驚いた。ところが帰ってきて同じものを作っても、味が頼りなく、ブイヨンの力を借りたくなる。野菜の素材力が違うのだ。あの味は無理か、と私は落胆した。そのときに出会ったのが、現れたばかりの保温（適温）調理や無水調理だった。これらの調理法なら、素人でも、素材の持ち味をプロ並みに引き出せる。だから、個性が薄れた日本の食材でも、けっこう美味しく仕上がった。塩・胡椒だけで食べられるから、味を足したり手間を掛ける必要もない。実にビンボー主義者向きの調理法なのだ。

保温調理や無水調理を続けると味覚が敏感になるのか、ダシ昆布やオリーブオイルは良質なものが欲しくなる。そして、その方が結果的に安上がりについた。

たとえば、三等検千五百円の真昆布は、倍の量を使っても一等検三千円には遠く及ばない。当初、ダシ引きは億劫だったが、半リットルサイズの魔法瓶に昆布や煮干しを放り込み、熱湯を注ぐ方法を思いつき、ぐんとラクになった。三十分置くだけで、お椀二杯分の上品なダシが出来るのだ。しっかりしたダシ材料や調味料を使って、理にかなった調理法を行なえば、料理の腕や経験に関係なく美味しいものが作れる。それはまるで手品だった。

これらの調理法は、ほとんど強火を使わないし、火の使用時間も短い。玄米食ながら、トータルの燃料消費は僅かで済み、カセットコンロ一台でも、さほど不便は感じない。ほかには、一日二、三杯のコーヒー、月に一、二回のコインランドリー利用で持参する粉石鹸を溶く熱湯、そしてゴキブリが出たときに沸かしてぶっ掛けるコップ半分ほどの湯（殺虫剤は使わない）。夏場のコンロの出番はその程度だから、カセットボンベ四、五本で一ヵ月は持つ。冬は、そこに湯たんぽ——登山用アルミ水筒の転用——が加わり、毎日一リットルの湯を作る。それでも月に八、九本あればなんとかなる。ボンベは三本が一九八円。都市ガスの基本料金（千円近い）より安い。

ただ、冬場の使用で困るのは、室温が一〇度を切ると気化しにくくなり、火力が落ちることだ。その場合は、熱気を逃さぬよう、四十五センチ幅のアルミ箔で上から鍋をすっぽり包み、さらにボンベまで覆って暖を取らせる。ボンベが残り僅かになったり、厳冬で室温が一度前後まで下がったときは、二本一組で、片方を炙りながらの交代制で切り抜ける。いずれにしても大家さんには見せられない光景である。

余談ながら、寒さは安眠の大敵でもある。寝袋は必須アイテムだ。暖房のないこの部屋が仕事場だから、日中でも、中に入ったまま腰かけ、机に向かったりする。うちにはバーゲン売り場で見つけた一万円の羽毛掛け布団もあり、縦二ッ折りにしてシュラフカバーに突っ込むと、厳冬期用寝袋より暖かい。ダウンの量からすれば、夏用の薄い布団でも三、四万円クラスの品に化けるだろう。数々のビンボー生活術のアイデアの中でも、この方法は横綱格ではないか、と私は自負している。友人たちの反応は冷ややかだが。

## ビンボー暮らしの中の発見

話を戻して、この四十五センチ幅アルミ箔活用法も、寝袋布団と並ぶ自信作の一つだ。ちょっと形状を変えるだけで、冬はボンベを温ため、夏は熱から守る。風除けとしても効果が高く、特にアウトドアでのコンロ使用に重宝する。きちんと計ったわけではないけれど、かなりの燃料節約は間違いない。なお、カセットコンロのブタンガスは約四グラムでカップ一杯の湯を沸かすが、これで普通サイズのバスタブに湯を張ろうとすれば、計算上は、冬場一ヵ月分のボンベでも無理だ。風呂はたいへんに贅沢なのである。

私は近所のコインシャワーを使うことが多い。個室だから中で散髪も可能だ。石鹸は使わず、頭のテッペンからつま先まで自然塩で洗っているが、全く問題はない。実はラフ族の村で世話になったとき、恥ずかしい失敗をした。彼らが生活用水に使っている小川の上手の木陰でこっそり体を洗ったら、川幅一杯にシャボンの泡が広がって流れていったのだ。ヒト一人が体を洗うというのはこういうことなのだ、と知った。

それに、石鹸でゴシゴシ体を洗ったあと、なぜか私は風邪をひいて寝込むことが多い。ホームレス支援をしている友人の話では、さっぱりした体で新年を、と入浴サービスをすると、申し合わせたように皆さん風邪の正月になるという。肌を覆う脂肪分には体を守る作用があると見え、落とし過ぎはよくないらしい。ただ、最近は私も銭湯の利用が増え、その場合は石鹸を使っている。清潔志向の強い一般客に、いらぬ不快感を与えたくないからだ。

主義としてのビンボー生活は発見に満ちている。そしてどうやら、ワンランク上の正解は、よりシンプルな形で現れるらしい。寝袋布団も、幅広アルミ箔活用も、魔法瓶ダシ取りも、気づいてしまえば「答え」とは呼べないほどに簡単で馬鹿馬鹿しい。が、すべて、二、三年はいろいろと試した結果に見つけたものだった。

この春、二十数年ぶりに、私にインスピレーションを与えてくれた国の一つを訪ねた。予想はしていたけれど、どこもすっかり使い捨て文明に呑み込まれ、釘づけになるような知恵や閃きは、全くといってよいほど見当たらなかった。人々が豊かさを謳歌している姿は嬉しいが、同時に少しガッカリもした。創意工夫の精神を失い、シンプルな答えを放棄しようとしているのではないか。結局のところ、ここでもなくして初めて、人は失ったものの価値に気づくのかもしれない。

●くしま・ひろし　一九五三年兵庫県生まれ。大学中退後勤めた会社を辞めて東南アジアや南米を放浪。その経験から「低収入での工夫の暮らし」を研究。著書『ぼくは都会のロビンソン』(東海教育研究所刊)で第二十九回雑学出版賞を受賞。

# 第二章

# 少ないモノで暮らそう

林住期の「人生の持ち物」を考える

# まずはモノへの執着を捨てることから

宗教学者◎山折　哲雄

## 「林住期」の本質は一人であることの苦と自由

紀元前のインドには、人間の一生を四つの段階に分けて考える「四住期」という人生論がありました。その四つの段階を順次経験し、この世を去っていくことが理想的な生き方だと、誰が唱えるともなしに語られるようになったようです。

四つの段階というのは、第一段階が、「学生期」と呼ばれるもので、禁欲生活を守ってしっかり勉強せよというライフステージです。第二が「家住期」と呼ばれ、結婚をして子どもを育て仕事もきちんとして、地域とも交わる生活。この二つの段階は、いわゆる世俗的な生活で、誰もがすることです。そして第三に、「林住期」がくる。

最初の二つの段階では家庭的にも経済的にも安定や発展を図るために努力をするが、じつは本当にやりたいことは、みんなじっと我慢をしているわけですね。そうやって我慢していたことをやる期間が林住期になるんです。そのために、妻子を捨てるわけではないけれども家を出て、やりたいと思っていたことをやるわけです。旅をしながら絵や音楽を楽しんでもいい。あるいは宗教的な世界に関心のある人は巡礼地を訪ねるでしょう。

人によって選択肢はたくさんあると思いますが、重要なのは一人であるということ。「林に住む」というのは、「林で一人で瞑想にふける」ということを意味しているからです。世俗の生活を長年送ってきたために積もってしまった人生上の不満や不平、そして心のなかの垢や埃を、自分の生き方を振り返りながら洗い流す。そのためには旅に出るなどして、できるだけ家庭や共同体との絆を一時的に断ちきらないといけない。ある意味自由で気ままでもあるし、わがままともいえます。

しかし同時に、一人旅にはそれなりの苦しみが伴うわけです。巡礼というのは、少々の食物と衣類で、泊まる場所も倹約しながら旅をするうちに路銀が減るという暮らしですから。場合によっては野宿をするということもある。そういう一切合切を含めてなお、一人で旅をするということには「自由」がある。これが林住期の本質です。それを人生の第三段階に設定したところに味があります。

## 「聖」と「俗」を行き来したいという願望

林住期の場合は、身体的に疲れたり気持ちが落ち込んだときに、再び自分の家族のもとにふらりと帰ってもいい。そういう意味では非常に中途半端ですが、なかには千人に一人、あるいは一万人に一人、家族や共同体のもとに帰らずに、そのまま次のライフステージである「遊行期」へ進む人が出ます。ここでは世間的な絆を完全に断ちきり、世俗的な欲望から離脱し、聖者の道を歩むわけです。

聖者というのは、悩める人々との出会いによって、彼らの魂にゆとりを与える仕事がある。人々の魂にゆとりを与えることで、食べたり泊まったりすることに恵まれていくわけです。いわゆる乞食の生活ですが、むしろ乞食にかぎりなく近い乞食です。この生き方を実践した古代の代表的な人物がブッダで、現代においてはマハトマ・ガンディーでしょう。

実際にインドを旅していると、いまも林住期を楽しんでいる人によく出会います。遊行期に入っているヨガ行者のような人にもときどき会う。ただ、そのなかには偽物もいるわけです。表向きは物乞いをしているけれど、裏では世俗的な生活をしているという具合です。ただ、僕は人間の本質は偽物だと思うんですね。極端にいえば林住期までは偽物であると。だから、ここで本物か偽物かにこだわると、遊行期を楽しむことはできないでしょう。そのへんの余裕さえインドの人は感じさせます。

それらを認めたうえでインドの人が林住期を設定したのは、「聖」と「俗」のあいだを行ったり来たりしているところに人間本来の自由の天地を見出そうとしているからではないでしょうか。これはもしかすると、人間の普遍的な願望かもしれないと思うわけです。

ヨーロッパやギリシャの歴史を勉強してみると、詩人の生活というのが、かなり林住期的なものに近いことがわかります。同様に、日本の歴史のなかにも林住期を楽しみ、民衆にも愛された人がたくさんいます。代表的な人物が西行であり、芭蕉や良寛もそう。最澄や空海も、山に入って道場を開くまでは林住期的な生活を経験しています。親鸞や道元もやはり同じです。とくに親鸞は遊行期という聖者の世界へ行くことをむしろ拒否したくらいで、林住期的な生き方をよしとした。

これまでの日本の仏教史や精神史のうえでは、芸術や詩歌をあまり積極的に認めておらず、最澄や空海、親鸞と、西行や芭蕉の生き方を区別していた。つまり「聖」と「俗」を分けていたんです。だけど、実際には最澄や空海も詩や歌を作ったし、親鸞は「和讃」（声明の曲種の一つ）を作っています。道元には『傘松道詠』という歌集があります。出家や修行をしたという側面ばかりをとらえると、彼らが詩歌の世界でさまざまな仕事をしたことが見えてこないわけですが、本来はどちらも同じような比重をもつはずです。親鸞は、悪戦苦闘して『教行信証』で考えたことを、和讃という歌謡の形で誰もが詠唱できるように書いたことがすばらしいのです。道元にいたっても『正法眼蔵』を誰にでもわかる、一種の和歌のような言葉で表して心に届く表現をした。彼らの伝えたいエッセンスが詰まっているのはむしろ和歌や和讃のほうにあるのです。

彼らは、宗教の世界と芸術的な世界を行ったり来たりしている。それは世俗的な生活をしたのちに旅に出、世俗と聖なる世界を行き来しながら詩や音楽を楽しんでいるインドの聖者と同じことです。

日本人の宗教心の根本には、信仰の世界とは美しいものだという考え方がある。「宗教の最高形態＝芸術の最高形態」であり、いいことは美しく、美しいものには精神性があるということです。これは日本人の宗教心というか美意識の根底にあるもので、それを体現しているのがまさに西行であり芭蕉であり、わが国における林住期的な伝統なのではないでしょうか。

## 「林住期」意識が希薄な団塊の世代

ところで、そのような林住期的な世界に対して、現代の日本の中高年は、無意識にあこがれを抱くようになっているようですね。とくに女性たちが林住期を楽しもうとしているように思えます。数人で連れだって、おいしいものを食べたり旅に出たり……。しかし、林住期の本当の楽しさ、面白さというのは、一人で楽しむことですから、グループで行動するのは林住期ではない。日本の女性の場合はまだそこまでいかないわけですね。

しかしそれ以上にダメなのは、男たちです。男性も定年退職したりすると、そういう志向は出てくるでしょうが、定年のときまではあまり考えていないわけです。とくに団塊の世代は、高度成長、消費社会を存分に楽しんできた世代で、いかに生きて楽しむかというノウハウはたくさん知っているけれど、いかに歳をとり病を得て死んでいくかという問題意識が希薄です。定年を迎えた後、徐々にやってくる老病死に直面しないといけないわけですが、そのときのモデルについてはいままで関心をもたなかった。

もちろん気づいたときには、歴史に出てきた人たちや宗教、芸術のあり方などが道標になってくるんだろうと思います。しかし気づくまでに時間がかかる。そのうち否応なく病気になり、衰えもやってきて、ようやく、おやおや？　と思い始める。死ぬ間際になって初めて右往左往すると思いますよ。

いま、社会は不況から立ち直りつつありますが、今後、団塊の世代の人たちには大いに消費主体になってほしい、という社会的な願望というか要請があります。人口八百万人という団塊の世代が消費を楽しめば、日本の経済は上向きになるという言説であり、これが人々の心をつかみ始めている。でも、これでは同じことの繰り返しなんですね。

少子高齢化によって平均寿命が八十年という時代にあっては、人の人生は六十歳の定年から死ぬまでに二十年もあるわけです。その二十年のあいだに老病死がだんだん近づいてくる。ゆっくり近づいてくる老病死を見つめながら、消費行動とどういう関係を結ぶのか。これまで通りだと、いざとなったときに右往左往するに違いない。

それと同時に日本の伝統や歴史、宗教の重要性をじわりじわりと気づかせられるはずですが、団塊世代というのはそもそもそういうものを否定してきた。だから、おそらく西行、芭蕉、良寛のことなども否定してきたのでしょう。あるいは無関心の彼方に葬り去ってしまっていた。そう思うと、彼らが「林住期」の世界に近づくのは、なかなか困難なことになりそうですね。

## 自戒の思いを込めた「もったいない」

いま、日本では「もったいない」という言葉が、一種の流行になっていますね。ケニアのマータイさんが提唱してから、日本人があわてふためいて「そうか、いい言葉があった」と言っているわけですよ。マータイさんの場合、「もったいない」という言葉を環境問題に絡めて使っています。三つのR、いわゆるReduce（消費削減）、Reuse（再使用）、Recycle（再利用）が、世界の環境問題を解決するために非常に大事であり、この三つのRを象徴する言葉が日本の「もったいない」だと言っている。世界的に良いメッセージを発してくださっているわけですが、それに日本人が無自覚にのっかっていることが私には気にかかります。

私は、このマータイさんの「もったいない」を聞いて、大谷句仏の俳句を思い出したんです。

勿体なや　祖師は紙衣の九十年

句仏は、明治から昭和にかけて活躍した有名な俳人です。彼は東本願寺の第二十三代目の門主で、名を光演というのですが、この句は彼の代表作として知られています。

祖師とは親鸞のことです。本願寺の開祖である親鸞聖人は、あの時代（鎌倉期）、紙で仕立てた粗末な衣を着て、質素な生活をしていた。そのような生活をしながら九十年という人生を生きた。それに対して自分は恵まれた生活をしているけれども、いまの生活のありかたは非常に恥ずかしい、と詠んでいるのです。つまり、自分の境涯は情けない、悲しい、という思いを込めて作った俳句だと僕は思います。それが「もったいない」という本来の意味です。恥ずかしい、情けない、悲しい。そういう気持ちを込めて、「ああもったいない」といっているわけです。

ところが最近の日本人の「もったいない」の大合唱には、そういう考え方、価値観というものが全然感じられない。それは相変わらずモノの生活が中心だからです。モノを抑制しよう、消費を抑制しよう、そして再利用しよう。大合唱のなかの「もったいない」は、モノの問題をモノで解決しようとしているだけです。この俳句がいっている「もったいない」とは、心の「もったいない」なのです。

もちろん僕はマータイさんを批判するつもりはありません。マータイさんが言ってくださったおかげで、「もったいない」が世界中にひろがり、本当にありがたいと思っています。ただ、そのメッセージを受け取る日本人自身の心のなかはどうなんだということですね。

インドにおける林住期の暮らしを現代に求めたところで、心の世界における意識改革が行なわれない限り、結局はこれまでと同じなのではないでしょうか。

もちろん、こんな豊かな社会ではモノを持たざるを得ないわけです。人間に生まれた運命のようなものかもしれません。だから一番の問題は、モノに執着するか、しないかになってくる。年収が三百万なら三百万、一億なら一億といった個人の経済的条件のなかで、それに対するこだわりをどれだけ捨てるのか。あるいはこだわりからどれだけ自由になるかということでしょう。そして、情けなや、悲しいかな、と思う気持ちがあるかないかで大きく異なります。

## 人間の「最期の持ち物」とは

私自身のことでいえば、学者というのはどんどん本がたまります。しかし自宅にまで本を持ち込むと、その管理や置き場所に困ります。

だからそういうものはどんどん手放すことにしています。たまたま五年ごとくらいに職場を変え、引っ越しを繰り返してきたので、引っ越しをするたびに自分の蔵書を図書館とか友人、学生たちなど関係先に寄付してきました。とくに国際日本文化研究センターの所長を辞めるときにはたくさんたまっていましたから、全集ものは中国の日本研究所に送ることにしました。

研究者の仕事をやってきて、主要な蔵書をすべて失うのはもちろんつらいことです。その思いに決着をつけ、本への執着を断つために、私はそれを、いわば自分の生前葬だと思うことにしたんです。そうすることで学者としての生き方に幕を下ろした。まあ冗談半分の部分もありますが、そう考えると気持ちが晴れました。

いまでもときどき、原稿の執筆を頼まれたりすると、「あの本があったらいいな」と思うこともありますよ。でも、散歩に出て本屋で立ち読みをしたり、必要であればまた買ったり。それで間に合う。京都には区ごとに図書館があるし、府や市の図書館もあるし、それで十分調査できる。だから、そうしてよかったと思います。僕のまわりを見ていると、本人が死んだあとに膨大な本が残りますから、最後まで家族が苦労しています。いまはできるだけ、一冊本が入ってきたら、必ず一冊は出す、ということを実践しています。

どんな職業にあっても、自分の人生に関係してきたものというのは断ちがたい。思い入れとの葛藤ですね。それはいかに死ぬかという問題にもかかわると思います。

たとえば安楽な最期を迎えたいと誰もが思っているでしょう。苦しんで死にたいとは思わない。だったら、死の時点より十年、二十年前からそのつもりで生活すればいいのです。その努力をした人に恵まれるのが安楽なのだから。

やりたいことをやって、最後も安楽で死にたいといってても無理なことです。欲望に忠実でありたいなら、そのかわり、どんなに苦しい死がやってきても、それは引き受ける。近代の精神にはそういったところがあったはずです。近代は、死に対して毅然としたものがありました。これは日本が失った近代精神の最良のものだと思います。

実際のところ、狭い家のなかで本だらけになっている状態は、生活空間としては貧しいんです。お茶をゆっくり味わうとか、天気の日に窓を開けて花を生けるという生活をするためには、できるだけ空間があったほうがいい。いたるところに本が積まれているのと、整然としたところに花が一輪あるのとどっちがいいかといえば、花一輪のほうがいい。歳とともに空間と時間が最大の贅沢だと思うようになりますね。

捨てられないものや重要書類というのは僕にもあります。しかし一年たち二年たち、だんだん重要じゃないんだということがわかるようになった。二〜三年たって使わなければ捨てればいい。期間は個人の感覚や仕事の中身で考えればいい。もちろん、捨てるということだけをとらえると、「もったいない」という問題が出てくる。しかし、必要じゃないものにこんなに執着することが情けないというところに、本当の「もったいない」という心があるんです。しょせん、人間だって最期はゴミになるんだから。

私もこれまでいろんな全集を手放しましたが、最後まで残しているものが二つあります。一つは『柳田國男全集』で、もう一つは『長谷川伸全集』。長谷川伸は大衆文学の最高峰だと思っているので、旅をするなら持っていきたい。だから一人で旅をするときも楽しめる。

この二つの全集を残したのは、これからの僕の生き方にかかわってくると思ったからです。これからの生き方にかかわる象徴的なものまで手放すことができれば立派なものですが、なかなかできません。大切にしていたことを知っている親族なら、本人が亡くなったらお棺のなかに一緒に入れてくれるでしょう。つまり、仕事をリタイアしたら、お棺のなかに入るくらいのものだけ残しておけばいいわけですよ。

（構成・編集部）

●やまおり・てつお　一九三一年生まれ。岩手県出身。東北大学大学院博士課程修了。国立歴史民族博物館教授、白鳳女子短期大学学長、京都造形芸術大学大学院長、国際日本文化研究センター所長などを歴任。日本の宗教思想史および日本の基層信仰を対象とした宗教文化論の研究に長年取り組む。著書は『日本の「宗教」はどこへいくのか』『「始末」ということ』『義理と人情　長谷川伸と日本人のこころ』『日本人の霊魂観』『反欲望の時代へ　大震災の惨禍を越えて』など多数。

モノを押しつけてくる世の中にどう抗するか

# 何もないから、心豊かな王様の居間

ドイツ文学者・エッセイスト◎池内　紀

## 津々浦々にわが自家用車と別荘

わが家に車はない。パソコンもケイタイもない。テレビもない。セカンドハウスとか別荘といわれるものは、もとよりない。

車はないが、自転車は夫婦各一台がある。パソコンやケイタイはないが、電話とファックスはある。テレビはないがラジオはある。自転車は車検とかガソリンが要らない。足でこいで、どんな小路にも入っていける。税金がかからない。タイヤの空気がへると、近所の自転車屋でポンプを借りて補給する。

タクシーを自家用車と考えている。どんなに乗りまわしても、年間十万円とかからない。くわしくは知らないが、車一台保持していると、けっこう経費が要るのではあるまいか。しかもわが自家用車は制服姿の運転手つき。道路にくわしく、曲がり角で思案したりせず、遠ければ遠いほど機嫌がいい。

全国の旅館を、わが別荘とこころえている。執事、コック、お手伝い、庭師……抜かりなく傭ってある。自家用車で乗りつけると、磨き上げた玄関で迎えてくれる。部屋も風呂も食事も床も、すっかり支度ずみ。出発のときは、そろって一同が見送ってくれる。

これもくわしくは知らないが、別荘を買って維持していくのは、少なからぬ出費を要するのではなかろうか。年ごとに補修も必要になる。掃除、洗濯、食事の用意、すべて自分でしなくてはならない。どんな高級リゾート地であれ、一ヵ所に限定される。いっぽうわが別荘は津々浦々、風光明媚なところには、きっとそなえてある。一つきりではなく、ときには何十とあって、よりどり見どり、固定資産税もかからない。あまりにも沢山もっていて自分はとても使いきれないので、あいているときは気前よく、他人の使用にゆだねている。

二十代の半ばに教師の口にありついた。勤めていてわかったが、「保険のおばさん」が出入りしていて、すすめてまわる。月に二千円で三十年後には百万円。マイホームの資金になる。給料天引きで手間もいらない。同僚のおおかたが入っていた。家族含めて何口かの人もいた。

若い頭で考えた。二千円あれば——当時のこと——何冊かの本が買える。好きな人と食事にいける。三十年後の百万円よりも、二十代のいまの二千円のほうが貴重なのではあるまいか。それに自分の健康を担保にして将来の安心を買うのは気がすすまなかった。「給料引き」というのも気にくわない。自分の給金の一部を、どうして保険会社に先取りされなくてはならないのだ？　そのときも、また以後も、いっさい保険に入らなかった。

同じく若いころ、二年ばかりヨーロッパにいた。人と会うと、名のりをあげて握手をする。それから話をしたり、ともに食事したりで、気が合うと友人になり、その後、親交を続けた。気が合わない人とは、それっきり。そのようにして人とのつき合い方を学んだ。だから帰ってきて初めての人と会うとき、名刺を出されて当惑した。こちらも名刺をわたすものらしい。しかし、人と会うのであって、肩書きや職名に用はない。名のりをあげて、会釈をすればすむこと。親しみや尊敬がはじまるのは、よく知ってのちのこと。そのときも、また以後もずっと名刺をつくらなかった。一生もたずに終わるだろう。

教師稼業にあってはアルバイトができる。アキのときに、よその学校に教えにゆくと、多少とも俸給がふえる。毎年、学期ごとに、一つ、二つと声がかかった。同僚はみんな、いくつかを兼ねていた。しかし、教師の職を選んだのは、アキのときがあるからで、夏や冬には、まとまった休暇がとれる。アキのときに勉強するとはかぎらないが、しかし何かはするだろう。昼寝をしていても、目が覚めれば起き上がって、ときには机に向かう。その時間を俸給に代えては、この職を選んだ理由がなくなるではないか。生活は苦しかったが、若いころも、その後もずっとアルバイトをしなかった。ヒマだったので、本を読んだり、町歩きをしていた。ずっとあとのことだが、そんなときに仕入れたことが、おりにつけ役立った。

## 旅でおさらいをする

旅に出かけるとき、いつも身につけていく手帳がある。はじめのところに「必要なもの」の頁があって、旅の支度、また持参したものを書きつけている。手帳のおしまいは「いらなかったもの」の頁で、持ってきたが無用とわかったものに×をつけ、理由をメモしている。そのときは用なしだったにせよ、必ずしも無用とはかぎらないのは△のマークつき。△が三個になると×に格下げる。

どれだけ少ないもので過ごせるか。旅はそのためのおさらいだ。自由であり、身軽であるためには、経験で学びとるしかない。たしかに人間は経験によって学ぶものだが、同時に忘れっぽい生き物でもある。「いらないもの」の頁は、忘却の経験が生み出した。×や△をつづけていると、おのずと旅支度も整理される。わが仕事場の一方の窓のカーテンレールには十あまりの鉤がついていて、そこに旅行用具がぶら下がっている。手帳の「必要なもの」の頁にあたり、さらに旅程に応じて選び取られたのがリュックサックに入る。経験をかさねると修練するもので、このごろは海外の長旅でも、十分あまりで支度ができる。愛用の手帳の×印が年ごとにふえ、全体が風格のある色つやをおびてきた。

なるたけモノを持たないためには知恵がいる。工夫がいる。我慢がいる。というのは、いまの世の中が、人を引きまわして、できるだけモノを持たせるようにできているからだ。呼びかけ、誘いかけ、刺激して買わせる。相談にのり、アドバイスを与え、講釈し、ときには脅しつけ、威嚇して、さらに買わせる。これに対抗するのは、並大抵のことではない。ときにはズル狐のような知恵が必要だ。

これだけモノがあふれ返った時代には、モノを持たないことこそ最高のゼイタクというものだ。ものものしい三点セットで占めさせるよりも、床の絨毯と天井の明かりのほか何もない部屋。現代では、ひろい空間こそ王様の居間というもの。

## ビリが先頭に立つことがある

わがモットーであるが、一つだけ例外を許している。みるからに立派な籐椅子であって、三十年ばかり前に手に入れ、毎日のように愛用している。細い竹を折りまげてワクどりをして、しっかりと籐で組み上げた。背もたれの上に頭をのせる出っぱりがあって、ひじかけがゆったりししている。三段式になっており、背中の角度を変えられる。左手が小さなポケット状につくられていて、読みさしの本を入れる。膝の下の部分に足のせが納まっている。暑いときでも籐椅子はヒンヤリしている。冬には下にやわらかい毛布をあてがう。同じ椅子でも籐椅子にすわると、やわらぎが一段と深い気がするのは、もともとが休憩専用につくられたせいだろう。

四十五度といった角度がいい。寝ているのでもなく起きているのでもなく、どちらともつかぬ姿勢。からだに応じて心のほうもそんなふうになるらしく、何を思うでもなく、かといってボンヤリしているわけでもない。考えが浮かび、つづいてべつの考えに移り、記憶が舞い戻って、あらためてまた考える。気にかかることがあったような気がするが、なんてこともないこだわりであって、そもそもこだわること自体がよけいなことだったことがわかってくる。ながらく親しんできた椅子なので、全体がアメ色に変色している。からだの向きを変えると、ギシギシと呟くような音をたてる。

おもえばテレビやケイタイやメイルといった当今の情報メディアを、きれいさっぱり欠いている。時代に遅れるどころか、とっくに置いてきぼりをくっているのではなかろうか。

そうかもしれないが「まあ、いいか」と思っている。先頭集団にくっついて、息せき切って駆けくらべするのも考えものだ。長距離レースによくあるが、ビリが先頭に立つことがある。一周か二周遅れの選手が、悠々と先頭切って走っている。

●いけうち・おさむ　一九四〇年兵庫県生まれ。九六年三月まで東京大学文学部教授。その後は文筆業。『諷刺の文学』（白水社）で亀井勝一郎賞、『海山のあいだ』（中公文庫）で講談社エッセイ賞、ゲーテ『ファウスト』（集英社文庫）の翻訳で毎日出版文化賞受賞。ほかに『出ふるさと記』（中公文庫）、『人と森の物語』（集英社新書）、『作家のへその緒』（新潮社）など著作多数。山と温泉と、第二の人生である旅を、こよなく愛す。

選び取るプロセスの中で理想の暮らしが見えてくる

# 「捨てる」行為は自分と向き合うこと

生活哲学家・消費行動研究家◎辰巳 渚

困っているなら「捨てる」

『「捨てる！」技術』という本を書いたのは、ひとつはプライベートな理由によるものです。私は片づけも掃除も嫌いなので、ちょっと油断すると家の中が物でいっぱいになってしまうんですね。自宅で仕事をしていますので、しょっちゅう仕事に必要な物を探すことになって、「人生の三分の一は探し物」と思いながら生活しているような状態でした。そこから自然と「必要な物だけを残せばいい」と思うようになり、要らない物を捨てるようになっていったのです。その結果、探し物をすることがグンと減りました。

もうひとつ、私はマーケティングの仕事をしているのですが、マーケティングというのは、いかに売れる新商品を作るかを考えていかなければいけない仕事です。マーケッターとしては「こんなもの要らない」と大声で言うわけにはいきませんけれど、気持ちの中では「世の中に要らない物ってたくさんあるんじゃないか」と思っていて、それを言いたかったということも理由です。

ただ、〝捨てる〟をテーマにしましたが、捨てることがよいことだとは必ずしも思ってはいません。私の場合は探し物ばかりしていて、しかもそれが見つからない、家の中もごちゃごちゃして嫌だなという困ったことが起こっていて、その対処を考えた結果が〝捨てる〟でした。

シンプルライフがいいと言われているから私も物を減らさなければ、と無理に努力する必要はありませんし、自分が困っていないならそのままでもいいじゃない、というのが基本的な考えなんです。

「要らないのでは？」の視点で

物の多い少ないは心の豊かさとは関係してきません。それよりも、物をたくさん持つことで自分は困っているのかどうか、そこを考えていくことがまずは大切です。そう考えていくと大概の人は困っていると思いますが、自分は困っているという気づきから行動に移していただくといいのではないでしょうか。

物が多いほうが豊かと思っている人と、少ないほうが豊かと思っている人。実はどちらも物にとらわれていることには変わりありません。ですから、「私にとって本当に必要な物、大事な物」と暮らす、というように考えを変えていただければいいと思います。

捨てるというのは、自分にとって要らない物は持たないようにする、という単純でシンプルな行動なのです。ただ、やるべきことは単純ですが、それを実行するのはすごく大変（笑）。それこそ常に自分と向かい合うようなものですから。

ただ、だからこそ楽しいんです。似合う服を見つける楽しみと同じように、持っている服を「これは着るのかな、お役ごめんかな」と考えながら選んでいくのは意外と楽しいものですよ。

人はどこの視点に立つかで見える物事が変わってくるわけで、「まだ使えるかな」という目で見れば何でも使える物に見えてしまいますし、「要らないんじゃないかな」という目で見ると要らない物がたくさん出てくるのです。提案したいことは、グレーゾーンにある物の見極め方として、「要らないのではないかという視点から見てみましょう」ということ。「どんどん捨てましょう」ではなく、基本は「要る物を選び取りましょう」という提案なのです。

## 「もったいない」で済ませない

物を捨てるのは、シニア世代の人にとって抵抗があることかもしれません。でも、「いつか使うかも」ととっておいても、結局使わずいつか捨てることになるのなら、それは明日捨てるのも十年後に捨てるのも同じこと。「いつか」というのは、自分の心に言い訳をしているだけなんですね。もちろん十年置いておくものがあってもいいと思うのですが、すべてそうするのではなく、明日ゴミにする物、または人にあげる物を作っていくと、暮らし方も随分と変わります。

いま、「もったいない」という言葉が広まっています。そして、この「もったいない」を自分が物を捨てないための封印（言い訳）として使ってしまう人たちもたくさんいます。こうした人たちは、要らない物に「もったいない」と書かれたシールを貼って、押し入れにしまってしまうんですよね。

「もったいない」の精神自体はとても大切なことだし、この言葉が広まっていくのはいいことだと私も思いますが、「もったいなくない」ということは本当は使うことであって、押し入れにしまうことではないのです。ですからこの言葉を封印（言い訳）として使うことをあまり肯定したくはありませんね。「もったいない」には「使い切る」という行為がワンセットでついていて、「もったいないから使い切る」が本来のあり方ではないかなと思うのです。

日本人は、そもそも物と自分とのつながりが深いのかもしれません。物に心を感じたり、針供養や箸供養など感謝と労いの気持ちで物を捨てる風習があったりと、日本人は物と心が近い関係にあった民族です。ですから物と自分がつながっていて、「これは私の一部」のような気持ちがどこかにある。物が捨てられない、溜め込んでしまうのには、きっとこうしたことも大きく関係しているのだという気がします。ただ現実は、うまく使い切っていくことができないくらい物があふれています。だから使い切ることができず、そこで何かモヤモヤした思いを抱えてしまっているのかもしれませんね。

## リサイクルより捨てるが先

具体的な捨て方には、ゴミに出す、リサイクルに出す、の大きく分けて二つがあります。ゴミに出すことに抵抗を感じる人は少なくありませんから、捨て方としてリサイクルを選ぶ人は多いと思います。

でも、すぐにリサイクルを考えるのは待っていただきたい。根本的にいまの世の中が物余りであることは事実です。現在の物の量でリサイクルをすれば、ともすれば要らない物を押しつけ合ってしまうことになります。それではせっかくのリサイクルが単なるゴミの循環の場になってしまう。

ですから、「まずは、あなたがゴミにする覚悟が大事ですよ。そのうえでリサイクルし合う世の中を作っていこうよ」というのが私の考え方です。

たとえばシミだらけの服をリサイクルに出しても、誰もそれを手にしようとは思いませんよね。

ゴミとして捨てるのは心が痛む行為ですが、どこかで誰かが一度思い切ってゴミにすることも、家の中から、あるいは社会から不要品を減らすためには必要だと思うのです。もちろん、同じことを繰り返していくのは問題ですけれども、リサイクルでごまかしてもいけないと思います。

私は基本的にはリサイクルは社会のシステムとしてやるべきものだと考えています。ですから社会全体として、ゴミに出すのと同じ手間でペットボトルを回収に出せるとか、売れなかった衣料品がまた再利用できるようになるとか、そのようなシステムを作っていくべきだと思っています。

個人単位でそこに多大なエネルギーをつぎ込んで徹底的に分別をしていくのは、やはり無理がある。ですから個人としては、まずは「使い切る生活」ができればいいんじゃないかと思うのです。その「使い切る」の中には、まだ十分に着られる洋服を孫に譲るといったことも含まれてきます。市場に出すばかりがリサイクルではありません。

物を捨てるときにはまずリサイクルを、という考え方は言葉で聞くときれいなのですが、個人の場合、ほどほどにしておかないと、たくさんのエネルギーを使って、結局はゴミになるしかない不要品がぐるぐる回るだけのサイクルを作ってしまいかねないと思うのです。

「上手に買う」

「物を捨てないようにするには、そもそも物を買わなければいいんですね」とおっしゃる人もいますが、買わない生活ではなく、上手に買う生活ができればいいのではないかなとも思います。買うことを否定するのは、働く喜びや生きていく喜びといった、大事な部分を否定することになるような気がします。

女性であれば、やはりそのシーズンの新しい洋服は着たいですし、手提げだって欲しい。必要な物しか買わない生活はつまらないし、身につけてみてうれしい、楽しいという気持ちは心の張りにつながって、生活や人生を楽しく生きる糧になります。

十万円のコートを買ったとしても、十万円を使うことが楽しい、うれしいと思えればそれでいい。衝動買いにしても、「楽しかった」という気持ちがどこかにあればいいと思います。衝動買いをしているとわかっていて、心のどこかで「やっちゃった」と思っても、それがストレス解消になったり、どうしても欲しかった物を手に入れてうれしい気持ちになれば、それが明日の活力を作ってくれる。

問題なのは無自覚のまま買うことです。使うのか使わないのか、着るのかどうかをちょっと意識して考える。そうして買っていけば物の買い方も変わっていきます。喜びにつながる買い物は楽しいことですから、買うことがいけないと考えるのではなく、上手にコントロールして買うことを考えていけばいいのではないでしょうか。

ひとつの物を長く使い続けることは大切なこと。とはいえ新しい物を買うのも楽しいことです。どのあたりにバランスを置くかは難しいですが、洋服でたとえれば、長く着られるコートがある一方で、ワンシーズンで着捨てる服があっていいと思います。一つひとつ自分で考えながら買うことが、まずは大切だと思います。

「買う」という行為は消費の話であり、経済の話ですよね。経済の仕組みというのが、人のどのような欲求に従って動いていくのか。物を作って誰かに売りつけて企業が利益をあげるためだけに、消費活動があるわけではありません。

人は何のために働くのかを考えても、自己実現や生活のためだけではなく、お金を出して自分の物を買うのが楽しいからがんばって働こうと思うわけですよね。労働が価値を生む世の中の仕組みも、そうした動機に基づいて動いている。そこからいろいろなものにつながっていくのだと思います。ですから頭だけで「いけない」と考えをねじ伏せてしまわないほうがいいと思うのです。

私はよく消費経験とか消費能力ということを言うのですが、消費経験を積んで消費能力を高めていくことが、結果的に上手な買い物ができる人になっていくのだと思います。

みんなが買っているから買うではなくて、自分が欲しい物を自分の身銭を切って買う。長く着られると思って買ったらほころびてしまった、勧められて買ったけれど何か違う、靴はやはり履いて買ったほうがよかったなど、身銭を切って買ってみて失敗する。こんなさまざまな経験をする中で、物の買い方もわかってくるのではないかと思うのです。

買って手に入れることが目的ではなく、着ること、楽しむこと、実際に使うことを目的に買う。そうやって買ってきた経験の量によって、買い方も変わってくるのです。

マーケティングの仕事の中で各世代の物の買い方を見ていると、シニア層の場合、消費経験の積み上げがあまりなされていなかったのではないかと感じるところがあります。自分に必要な物という意識で買っていないように感じるのです。たとえばトレッキングを始めるという場合も、自分にとって必要な物を揃えるというより、とにかく一揃い買ってしまうなど、「私と物」との関係をあまりしっかりと捉えていない。そんな気がします。

もちろん、それが自分にとって楽しいことで、とくに困っているわけでなければそれでいいのですが、シンプルに暮らすことを考えていくとしたら、物を買うときに、「自分にとって必要な物か」を意識していただくといいですね。

## 三つの山を作れば捨てやすい

物を捨てるというのは、結局、物と自分との向き合い方を考えていくことなのです。

最初は抵抗を感じていた人でも、実際にやってみると「意外とできた」とおっしゃいますし、物を大事にするというのは要る物を選び取ること、選び取るプロセスの中で自分のことがよく見えてきたという声も多く聞こえてきます。

要・不要を選別する能力も習慣にすることで磨かれていきます。最初は机の引き出し、下着の引き出し一つからでいいので、少しでも心が動いたら、とにかくやってみていただきたいと思います。やり方としては、要る物・使う物、要らない物・使わない物とに分けていけばいいのですが、二つの山にどうしても分けることができないときは、「わからない」という山を作ってみることをお勧めします。「要る」「要らない」「わからない」の三つの山を作ったら、あとは考えないで物を三通りに分けていく。最後に「わからない」の山を「要らない」に入れる。こうしていくと、やりやすいですよ。

「わからない」を作ったところで、じつはすでに「要る」物はきちんと選び取られているわけです。「わからない」は、要・不要で分けられない別の要素が絡んでいるんですね。高かったとか、新しいのにとか、思い入れがあるとか。でも要る物に関しては、選別の過程できちんと選び取られているわけですから、結局「わからない」に入っている物は不要の物ということなんです。

それでも「わからない」の山をどうしても捨てられなかったら、捨てるつもりでとっておいて、時間を置いてもう一度見直してみるという方法もあります。

「これはわからないと判断した物」と認識したうえで、それを別の場所に置いて、一ヵ月後ぐらいに再度見直してみる。そこで、やはり使わないと判断した物は捨てていきます。

ただ、そうやって段階を作って手間をかけてしまうと、結局はやらないというのが人間ですので、そのまま置きっぱなしになってしまう危険性があります（笑）。ですので、あまりこの方法はお勧めしたくないのですが、唯一大きな効果を発揮するとしたら、家族が関係している物を整理していくとき。

自分は捨てたい。でも夫は「いつか何かに使う」と言っている。だから捨てられないという物は、「いつか使うのね」と念押しをしてとっておいて、時期を見て「使わなかったじゃない」と言って理解を得たうえで捨てる。もったいないお化けから逃れられない家族がいる場合は有効です。ぜひ試してみてください（笑）。

（構成・編集部）

●たつみ・なぎさ　一九六五年福井県生まれ、東京育ち。お茶の水女子大学教育学部卒業。マーケティング雑誌『月刊アクロス』記者、筑摩書房勤務を経てフリーのマーケティングプランナーとして独立。二〇〇〇年、著書『「捨てる！」技術』が百万部のベストセラーになる。ほかに『「片づけなくてもいい！」技術』『母の作法』などの著書がある。

少しむかしの暮らしの中に学ぶ

# クーラーなんかなくっても……

昭和のくらし博物館館長◎
小泉　和子

## 風土を考えず生活を激変させた

私は昭和二十六年に建てられた私の実家を「昭和のくらし博物館」として運営していますが、戦後のごくふつうの庶民の住宅として残しておく意味があるということと、戦後の日本人の暮らしを考える場になればと考えたからです。

戦後といっても、すでに六十年以上が経過していますし、「昭和のくらし博物館」に見るような暮らし方は、ある意味、歴史になってしまいました。昭和二十年代、三十年代といまでは、あまりにもライフスタイルが変わっていますし、まして戦前と現代では、同じ日本人の暮らしでも天地ほどの違いがあります。

その違いをもたらしたものは、住まいの快適性や暮らしの効率性を追求したからです。快適さや効率の追求は悪いことではありませんし、とりわけ女性に重くのしかかっていた家事労働環境の改善は必要なことでした。

また貧困や混乱からの脱出などやむをえない面もあるのですが、しかしこの変化の底には、いまの日本社会が抱える深刻な事態、とくに精神的な豊かさを失ってしまったといったような事態につながる問題が潜んでいたと思います。

それはごく大雑把にいえば、無批判にアメリカ流のライフスタイルを理想としてしまったこと、そしてそれを実現するために儲けを第一とする企業がモノとしてどんどん提供したことです。

結果として、日本人は、日本の風土や文化、伝統といったものを無視し、アメリカ流のライフスタイルに飛びついてしまった。

そうした変化が、はたして自分たちの暮らしに合うのか、合わないのかと吟味したり、きちんと考えたりすることなく、それまでの暮らしぶりをあっさりと捨ててしまったというところに問題があります。

湿潤な気候、夏のむし暑さ、季節の変化など、この国の風土を考慮したうえで、住まいや生活を改善していったのならよかったのですが、残念ながら風土性や生活様式を考慮しなかったのです。

いまさらながらかもしれませんが、私が昭和のくらしというネーミングにこめた問題意識を、多くの人がいっしょに考えてくれればと思います。昭和のくらしなど懐古趣味だという見方もありますが、私は現状への批判をこめて、日本という自然環境に対応して暮らした時代をいろいろなかたちで伝えていきたいと考えています。けっして後ろ向きの話ではなく、今後の私たちの住まい方や暮らし方へのヒントになるのではないかと思います。

## 汗をかくから涼を知る

クーラーもなかった時代、夏の涼というと、私が真っ先に思うのは、大いに働いてたっぷり汗をかくということです。たとえば家の仕事です。

まずは大掃除。年末にもやりましたが、大掃除に向くのはなんといっても夏です。水に濡れても平気ですし、洗い物もどんどん乾いていく。家をていねいに掃除するなら夏に限りますね。冬の衣類の手入れや洗い張りなども、夏の仕事でした。

体を動かして大汗をかく。だからこそ氷水の冷たさが身にしみました。ハンドルを回して鉋《かんな》で削る氷削り機、器に高々と盛った氷イチゴ、氷小豆、それに「水」といって甘露だけをかけたものもありましたが、これは店で食べるもの。家ではせいぜいぶっかきです。それより、暑さをいやというほど味わったあと、井戸端でざぶざぶと冷たい水を汲み出して顔を洗ったり、脚にかけたりすると、素晴らしい爽快感がありました。そして冷たいトマトにかぶりつく。素朴なものばかりですが、こういうものをなくしてしまったのがはたして幸せかと思います。

汗を流したあとの行水も夏の暮らしには欠かせないものでした。そこで活躍するのが盥《たらい》です。

盥は昭和三十年代ころまではどこの家庭にもあり、洗濯用として使われていました。盥と洗濯板を使ってする洗濯はしゃがんで行なうので、重労働でしたが、夏だけは冷たい水でじゃぶじゃぶやって、なかなか気持ちよいものでした。盥は行水にも使われました。

むかしはそうそう毎日お風呂には入らなかったから、夏は汗を流すのによく行水しました。

台所の土間や裏庭などに盥をすえて、釜で沸かした湯を注ぎ、水でうすめてちょうどいい湯加減になったら入る。座って手拭いで体に水を浴びせながら汗を流す。とにかく行水だけでもさっぱりしたものです。行水用に大きな盥を用意してある家もありましたが、たいていは洗濯盥で間にあわせていました。

盥は夏の子どもたちの水浴びにも大活躍しましたね。日向に出して水を張っておけば、すぐにあたたまる。待ちきれない子どもたちはパンツひとつになって、盥の中に飛び込んだものです。遊びつかれて昼寝してしまったあとの盥の中には、ブリキの金魚などがぷかりぷかりと浮いているなど、いかにも夏の光景でした。

## 冷蔵ではなく冷やす

夏という季節の大問題は、食べ物の保存です。まず食べ物が傷む。八月の土用などになると、朝炊いたご飯でも、うっかりすると昼には饐《す》えた匂いがついてしまう。このため飯櫃《めしびつ》に濡れ布巾をかけ、竹の網代のふたをかぶせ、風通しのよいところに置いたり、笊《ざる》に入れて井戸に吊るしたりしました。暑い地方などでは飯櫃のかわりに手のついた籠に入れて庭の木の枝に吊るしたりしたようです。それでも饐えてしまうことがある。そんなときは水につけて洗濯糊にしたり、水で洗って笊にあげて干して干飯《ほしいい》にしたりしました。

冷蔵庫があって当たり前という若い人には想像できないでしょうが、電気冷蔵庫の普及は昭和三十年代ですから、それ以前は食べ物を冷蔵するという機能はほとんどの家ではなかったのです。昭和三十年代以前にあった冷蔵庫といえば氷を使った冷蔵庫です。博物館に訪れるみなさんが懐かしがるのが、この氷の冷蔵庫です。氷冷蔵庫を懐かしいという人は六十代以上の方で、若い人はほとんど知らない。

「上の扉をあけたところに氷を入れて、下の扉の中に食べ物を入れる」と説明しても、いまひとつピンとこない様子なので、最近では氷の模型をつくったり、竹の皮で肉を包んだようなものをつくったり、スイカの模型や牛乳瓶やビール瓶などを入れている。そうすると今度は「下の食べ物は氷がとけた水でいつもびしゃびしゃになっていたんですか」などと聞かれる（笑）。

この氷の冷蔵庫がある家すら少なかったのですが、冷凍はおろか、とても食物を保存しておくという機能はなく、せいぜい肉や魚の腐るのを遅らせる程度で、主に食べ物を冷やして食べるというものでした。ですから、スイカやビールなどは、井戸の中に吊るしたり、井戸水を汲んで盥につけておいたり、清水が湧くところでは清水につけたりしました。桶に入れてスイカやビールに布巾をかけて水道の水を細めに出しっぱなしにして気化熱を利用したりもしていました。このためビールにしても麦茶にしても、いまのようにキンキンに冷たくはなかったですね。

また暑くなると蠅《はえ》が増えるので、どこの家でも蠅対策には困っていました。台所には蠅帳という網を張った小さな戸棚があって、残り物などはこの中に入れておきましたが、これから食べようと、ちゃぶ台に並べた食物の上にも蠅は容赦なくたかる。このためどこの家でもちゃぶ台の上にかぶせる幌蚊帳《ほろがや》のような蠅帳を持っていて、配膳がすむとすぐにこれを広げてかぶせた。なにしろ便所が汲み取り式だったこともあり、どこでも蠅がひどかったですね。

## 打ち水越しの涼風の爽快感

それでも夏は楽しかった。日が落ちて涼しい風が吹きはじめると、庭に打ち水をし、そこらを開け放って晩ご飯を食べる。ちゃぶ台の上には大きなガラスの鉢に冷奴がぶっかき氷といっしょに盛られている。藍色の染付けのどんぶりには鮮やかに漬かった紫のナスと緑のキュウリ、冷たくしておいた冬瓜《とうがん》のとろみ煮、ナスの鴫焼きなどが並ぶ。庭の打ち水越しの涼風に吹かれ、風鈴の音を聞きながら家族そろって食べる夕食は、子どもごころにも「ああ、いいなあ」と思ったものです。

打ち水もよくしました。けっこう効き目があって、夏の朝夕など、打ち水でいきいきと水滴をしたたらせた庭の木々を渡って吹いてくる涼風を、体いっぱい受けたときなど、天にも昇る気持ちよさでした。

そのかわり自然まかせですから、風がぴたりとやんでしまった日中など、じっとしていても汗が噴き出しましたから、濡れ手拭いを肩にかけて、団扇《うちわ》でパタパタあおぐほかなかった。それでも暑くてたまらないときは、ひんやりする台所の板の間などにごろんと寝転んで、昼寝をしてやりすごしました。朝夕雑巾がけをして、すべすべとした板の間は気持ちよいものです。

そういえば夏の服装で、いまではすっかりすたれてしまったのが男性の帽子です。戦前まで、男性はよく帽子をかぶっていました。昔の写真などを見ると、写っている男性全員が帽子をかぶっていてびっくりします。サラリーマンなら冬は中折れ帽、夏はパナマ帽かカンカン帽というのが定番のスタイルになっていました。パナマ帽は熱帯アメリカ原産のパナマ草で編んだ白い帽子で、麻の背広にパナマ帽などという出で立ちはなかなかモダンでした。カンカン帽は麦わらで堅く編んで作られていて、頭頂が平らでまわりに平たいつばがついていた。面白い名前ですが、由来ははっきりしないそうです。麦わらを麦稈ということから名前がついたとか、叩くとカンカン音がするからとかいわれています。カンカン帽は商人、農民もよくかぶっていました。男は縮みの甚平《じんべい》にステテコでカンカン帽、女はあっぱっぱに下駄履き、日傘というのが昭和戦前の夏の街の風景でしたね。

## 蚊帳のヒントは緑したたる箱根

博物館にはいろいろな寄贈申し込みをいただくのですが、いちばん多いのが蚊帳《かや》です。

蚊帳は昭和三十年から四十年あたりまでは必需品だったため、どこの家にもありました。けっこう高価なものだったので、その後使わなくなっても捨てるのが惜しく、とっておいた家が多いのでしょう。なかには裾を青く染めた白麻の蚊帳もありますが、ほとんどは萌黄染め、茜縁の麻蚊帳で、広げると、いまでも麻の匂いがして懐かしい。

暑くなってきて、寝ている耳元で「ぷーん」と蚊音がすると、誰かが「もう蚊帳を吊らなくちゃ」と言い出す。翌日、押し入れから蚊帳を取り出して竿にかけて干し、その夜から吊り始める。子どもたちは珍しがって、キャーキャーいって中にもぐりこみ、仰向けにひっくりかえって垂れ下がった蚊帳の天井を競争で蹴り上げてははしゃいだりしたものです。

蚊帳に入るときは作法がありました。まず団扇であたりの蚊を払ってから裾をちょっと持ち上げ、さらにふるいながら体をかがめてさっともぐりこむ。子どもなどが突っ立ったまま裾を持ち上げようとすると、「蚊が入るよ」と叱られたものです。

話は横道にそれますが、萌黄染め、茜縁の麻蚊帳は江戸時代に生まれたもので、一説によると近江の蚊帳の行商人・西川甚五郎が、ある夏、江戸への道中、緑したたる箱根の山中で昼寝をしたときの爽快感がヒントになって考案されたといいます。それまでは白の麻だったのですが、白は汚れるので、萌黄色に染めたことで汚れも目立たなくなった。そこに赤い縁をつけたことでヒット商品となり、以後、これが蚊帳のデザインとして定着し、普及していった。江戸時代には蚊帳売りが行商で売り歩いていました。

蚊帳は蒲団とともに、嫁入り道具のひとつでしたが、蒲団は家で作れましたが、蚊帳は買わなければならず、かなり高価でしたから、農山村では戦前まで自家製のところも多かったのです。麻の栽培から始めて、紡いで糸にして、織って、蚊帳に仕立てるという根気のいる骨の折れる仕事でした。三帖吊りを一張り作るのには七反もの麻が必要で、ふつうの農家の一年分の麻では足りなかったといいます。また苧《からむし》を紡いで織り上げるまでには数年がかりだったそうで、女が一張りの蚊帳を織るのは男が家を建てるのと同じだけの価値があるといわれていました。

麻の蚊帳が本当に行き渡ったのは昭和に入ってからです。農村までということになると戦後でしょう。やっとみんなに行き渡ったころには下水道が整備され、蚊もいなくなってしまったというわけです。

寄贈されてくる蚊帳には吊り手のないものが多い。吊り手は金属製だったから、戦争中の金属供出で出してしまったのですね。こんなものまで集めなくてはならない状況でなぜ戦争など始めたのかと、そのいい加減さに怒りがわいてきます。

## 情緒がもたらす豊かさを

昭和が終わる一年前の昭和六十三年（一九八八年）に経済企画庁が発表した「主要耐久消費財等の普及率及び保有数量」によると、電気冷蔵庫の普及率（世帯）は九九・三％で、保有台数は百世帯当たり百十五・八台、ルームエアコンは五九・三％、九十八台となっています。

つまり昭和の終わりにはほとんどの家庭に電気冷蔵庫と半数以上の家庭にエアコンが行き渡っていたということです。

電気冷蔵庫とエアコンの前は、氷冷蔵庫と扇風機ですが、これが出始めたのが昭和初期で、それも中流階級のかなり上層だけのものでした。一般庶民にまで普及したのは昭和三十年代後半から五十年代にかけてです。昭和五十年代（一九七五～八四年）といえばつい先だってのことです。ここ二、三十年でいかに急激に生活環境が変化したことかとあらためて驚きます。

つまり昭和の暮らしの中で、「冷房」とか「冷蔵」というものはつい最近になって手に入れたものであり、それ以前、涼しさはもっぱら「自然」の活用と「生活の知恵」で味わったのです。「冷房」や「冷蔵」ではなく、せいぜい「涼む」「冷やす」というのが、夏の暮らし方としては適当なのかもしれません。

「涼む」ほうは直接的に団扇か扇子、間接的には家の中の建具を取り外して、簾《すだれ》をかけたり、日差しの強いところに葦簀《よしず》を立てかけて風通しをよくしたり、畳をあげて竹筵《むしろ》を敷いたりすることでした。また「吊りしのぶ」を吊るしたり、風鈴を下げるなど、見た目と涼やかな音によって涼味を感じるようにしたのです。家中を開け放して風を利用する、あるいは早寝早起きをするといったように自然を活用しました。

クーラーがいらないとはいいません。私も夏は原稿を書くときなど、クーラーを利用します。しかし、それは冷房であって涼ではありません。涼はたぶんに情緒的なものですが、子どもたちの心痛む事件が続発するいまこそ、その情緒がもたらす精神的な豊かさに思いをいたさなければならないと思います。

●こいずみ・かずこ　プロフィールは19ページ参照。

毎日の暮らしのなかで価値観が問われている

# モノの洪水に背を向け、自在な心を

作家・エッセイスト◎下重　暁子

物は思いがこめられてこそ

――下重さんは「物からの解放は心の解放」だとおっしゃっていますね。

一九七七年に半年間、エジプトのカイロで暮らしたのですが、なかなか心地よかったんですね。買い物など最初は不便さを感じましたが、カイロの人たちの、物は持たないが生活を楽しんでいる暮らしぶりに馴染むうちに、これはなかなかいいな、と。

ところがカイロ生活を終え東京に帰ったら、どうもひどくわずらわしい。どこを歩いても物、物、物。物が氾濫し、私に押し寄せてくる感じがして、疲れきってしまったわけです。

半年間という時間でしたが、知恵を出し合い、少ない物でいろいろなものを生み出す喜びに満ちていたエジプトのシンプルな暮らしが懐かしくなって、とにかく私は自分だけでも物の洪水とおさらばする、もっともっとシンプルに暮らすぞと誓ったのです。

――シンプルであっても暮らしを彩る物はあります。下重さんにとって、そうした物とは？

物は単なる物ではないというのが持論です。身の回りにある物は、そこに何らかの思いがこもっていて、初めて自分の物、自分だけの物になるのだと思います。買ったときの情景とか、そのときの暮らしぶりの貧しさとか（笑）、あるいは親から受け継いだものであるとか、いろんな情景、状況がありますよね。

その情景や状況を代表するのが物なんだと思う。そうしたことが何もなくて、本当に単なる物だったら、こんなつまらないことはないですよ。捨てては買い、買っては捨てる、そういうことが平気になってしまう。

たとえば私が長年使っている机は、父の机です。傷だらけだし、インクの染みはあるし、そういう意味では汚いのですが、私にとってはかえがたい机です。

書斎にいた父は、いつもその机で書きものをしていました。彼は絵描き志望でしたが、職業軍人にならざるをえなかったというかわいそうな人なのです。でも軍人になってからも書斎だけは自分の世界で、石膏とか画集などがいっぱいあって、小説もたくさんありましたね。きっとそこにいるときだけ、父は軍人でなく芸術を愛した自分でいられたんじゃないかなと思います。

それがまた大きい机だから、もの書きにはもってこいなんですよ。資料なんか山ほどおいていても邪魔にならないし、書くためのスペースは確保できる。椅子もその机とセットで、直し直し使っています。私にはちょっと大きいのですが、それでも自分に合ったものに買い換えようとは思わない。そこにある昔ついた染みひとつも私にとってはいとおしい。

物とはつまり、そういうものではないかと思いますね。持つ人の思いがあるかどうかなんです。だから、思いのない物は壊れても無くなっても気にならないかもしれません。

軽井沢に簡素で小さな家があって、ときどき東京脱出を図ってこもることがあるのですが、そこで使っている応接セットなども、親の代から使っているものです。ボロボロになっていたから、新しく買ったほうが安いと言われたりしたのですが、張り替えたりしていまも現役です。

それを感傷だと思う人はいるでしょうし、そうかもしれませんが、いまそこに座っていると父母もいっしょに座っているような気になるんです。

物の命をまっとうさせる

――物が代々受け継がれる、昔の物を手入れしたり修理したりして使い続ける。多くの人からそういう意識は消滅してしまったかもしれません。

何代にもわたって、物と人がつきあっていくということは戦争で途切れましたね。それまではあったんですよ。子供の頃、母はおそらく自分の親や祖父母から引き継がれた物を大事に使っていました。でも多くの物が戦争で焼け、失われてしまって、受け継いできた物じたいが無くなると同時に、人の思いも途切れてしまったんじゃないでしょうか。

戦後、特に高度成長期以降でしょうが、物は使う側にとって便利な物、効率的な物一辺倒になっていく。

売る側にとっては、長く大事に使ってもらいたい物から、とにかく儲かる物になっていってしまった。ひとことでいえば価値観が変わったのでしょう。それはいまに続いているし、ますます強まっているような気がします。

――たしかに簡単に物を捨てたりしてしまいがちです。

物から解放されよう、物に支配されず心を大切にというと、短絡的に「物を捨てればよいのだ」と考えてしまう方がいるかもしれませんが、そうではない。安易に捨てるということは、安易に買うということの裏返しで、それはまた安易に捨てることになるのです。

捨てればそれはゴミですよ。粗大ゴミ、不燃ゴミの山をつくるのに一役買うことになるのです。物を盛大に捨ててスッキリして、それを「シンプルライフ」といったら自己矛盾もはなはだしい。「シンプルライフ」は、物を捨てて少なくすることではなく、物を大切にする、物の命をまっとうさせてあげることだと理解すべきなんです。

消費という二文字に組み込まれていると、なかなか「シンプルライフ」に近づけないはずです。

——アメリカ流のスクラップ・アンド・ビルドでないと、景気もよくならないという空気も強いですね。

ヨーロッパはかなり古いものを大切にして現代に生かそうという思想がありますが、アメリカはちがいますね。日本のアメリカ化はいまに始まったことではありませんが、最近、いっそうそれが進んでいるように感じます。

私はこう考えてきたんです。とにかく効率的で便利で儲かるものをよしとする価値観と、感じ方に個人差はあるでしょうが、心地よく美しいものをよしとする価値観、このふたつの価値観がある。たとえていえば男的な価値観と女的な価値観です。男的価値観は経済社会のなかで、いかに効率化を図るか、利潤を追求するかという、持たざるをえない価値観ですね。

女だって男的価値観を持っている人はたくさんいます。しかし、やはり生命を生む性であるからでしょうか、命というものが無上のものであり、その前では効率性とか利便性とか儲かる儲からないといったことは陳腐であるということが、生む性の勘として、あるいは実感としてわかる。それがひいては、やさしいとか美しい、心地いいといったことこそ大切だという感性につながる。そういう価値観があると思います。

戦前は、漠然とですが、女的な価値観が大切にされていたように感じるのですが、戦後はまるで変わりました。ふたつの価値観はバランスをとって並行して存在していればいいのでしょうが、並行せず、かけ離れていった。経済効率だけ追っていると閉塞感に包まれる現代そのものになってしまうし、逆に心地いいとか美しいとばかりいっていると経済効率は落ちるでしょう。ここがむずかしいところですね。私たちは毎日の暮らしのなかの場面ごとに、どっちをとるかという選択を問われているのだと思います。そのなかにあって、せめて私は自分のテリトリーくらいは自分の好みを貫いていたい。

敗戦がもたらしたもの

――バブル崩壊という経験も社会の財産にはなりませんでした。

バブル崩壊後に「清貧の思想」が登場し、これは公になるかなと思ったのですが、あっというまに、情報機器の発達などもあって、もっとすごいかたちでお金、お金になってしまった感があります。

――多くの人がネットで株売買をしていることがニュースになると、乗り遅れちゃいけないとあわてる人も少なくない。横並び意識が強いですね。

うちのテレビは半分壊れている年代物で、友人の家に行くとテレビのきれいさに、つれあいと二人で感心するんだけど、買い換えない。電気釜も保温機能などなにもついていないものを、つい最近まで使っていました。「なに、これ！」なんていわれたりしたけど、恥ずかしいと思わないから。そういうところは横並び意識ゼロですね（笑）。

それに日本の特徴のひとつは検証をしないということです。検証ということばはあっても、しない国ですからね。戦争の検証もそうだし、バブルにしても、いったい誰が発動し責任はどうなったのかはあいまいで、うやむやのままです。

パソコンの画面に向かって株の売買をする母親の背中を見て育つ子どもはどうなるのか、私は他人事ながら心配ですね。

――私は私であって、人とちがってもいいという、気概というか毅然とした生き方ができない人が多い。でも下重さんは暮らし方や物への態度に確信があります。

小さい頃の孤独感が大きな影響を与えていますね。父が軍人であったということは私の人生のなかですごく大きいことでした。小さい頃は何不自由なく、ふわふわと暮らしていて、当時の世間の水準からすれば、わりといい暮らしをしていたはずです。ところが小学校の低学年時代、胸の病気で学校に通えない時期があって、毎日、父の本を読んで暮らしていました。同世代の子どもたちとまったく遊ばず、孤独で怠惰で、でも豊かな時間（笑）。

ところが敗戦でその暮らしは終わり、いきなり食うや食わずになりました。当時はほとんどの日本人がそうだったのですが、うちは父が公職追放という処分を受けたから完全にひっくり返ったのです。戦前、父が面倒をみていた絵描きさんたちに助けられ、模写などのアルバイトをしていましたが、見たくない姿でしたね。

まだ幼かったのですが、そのとき何となく自覚したことは一生働いて自分で自分を養おうということ、それから人がいったからといって、考えもせずに同調するのはやめようということです。ですから敗戦は、私にとってある意味ではありがたいものなのです。そこから私はスタートを切ったのだから。あのままだったら、まちがいなく嫌な女になっていたでしょう（笑）。人を養うのはたいへんだけど、自分ひとりくらい食べられるという思いできましたから、つれあいはいますが、おたがいの収入はまるで知らない。そういう暮らしを死ぬまでしたいと思ってます。

――孤独感とか絶望感。人はそんなもの経験しないほうがいいけれど、でも経験したからこそわかることもありますね。

人目を気にせずシンプルに毅然と生きる――その心地よさや、そうした生き方はけっこう本質的にぜいたくなんだということがわかるということはありますね。素朴でシンプルなものが美しいということが、わからない人もいますし、それはそれでいいのですが、私はファッションにしてもシンプル・イズ・ベストですから。だけど物のひとつひとつは自分の審美眼にかなったいい物だと思っています。

　そこに思いがこもっていれば、すべてはかけがえのない物になる。物の多さ、少なさが問題ではなくて、持ち物に思いがこもっているかどうかでしょう。その点、テレビは私たちにとって、意味あるものではないので、どうでもいい（笑）。

　それに日本人はそろえるのが好きですね。私はバラバラでいいと思っています。家の中には日本の古い家具もあればヨーロッパの古い素朴な家具もある。自分の目で選び、自分で統一がとれていると感じればいいはずです。ひとつひとつ好きになって買い集めたもので、自分の暮らし方、住まい方をつくっていけばいいのです。

## 本物の美を見つける目

——いいものを見る目を育てる。これには年季がいりますね。

　そう、年季は必要ですね。若いときは失敗しながら物を買ってしまいます。いまの私の感覚も、若いときには持ちえなかった。四十くらいになって確信になってきたように思います。

　軽井沢の家は日本建築で著名な吉村順三さんが設計した家で、まさか自分が住めるとは思いませんでした。軽井沢は宣教師が開いた町で、その家も宣教師の娘さんが長年住んでいらした。それが巡りめぐって、私たちのところに来たのです。これ以上ないシンプルさです。木造で質素そのもの。ひと目でこれだと感じました。快さ、美しさ、暮らしやすさ、そういうことを実現した建物で、それは女的価値観の建物かもしれません。

あまりにも飾り気がなくて、質素だから「どこがいいの？」という知人もいますが、見る人が見れば見事な美しさがあります。豪華で、便利で効率的なものばかりを追っかけていると、本物の美を見つける目を失ってしまいかねないと思いますね。

おしゃれもそうです。いろんなものを身につけていくのではなく、逆にはずしていく。洗練とはそういうものだと思います。

——良寛さんがお好きだそうですね。

何も持たず、世俗の栄達を望まず、そのかわりこのうえない自由を手にしたという人ですからね。自由を手に入れるためには、世間と戦い自分の欲望とも戦わなくてはいけないでしょう。物にまどわされているうちは、自由な心になれないし、欲望の奴隷から抜け出せない。

古代インドでは林住期、遊行期という人生のステージがあると説きますが、私も身の始末をうまく整えて、良寛さんには遠くおよばないまでも、自在な心で生き、そして死んでいきたいと願っているんです。

そのためにも、毎日を簡素にシンプルに、無駄なものをそぎ落として心を自由に遊ばせなければいけない。もっと物が欲しい、あれもこれも欲しいという欲望を抑制することはむずかしいことでしょうが、その辛さも厳しさもあえて引き受ける、そういう思いは必要でしょうね。

（構成・編集部）

●しもじゅう・あきこ　一九三六年東京都生まれ。早稲田大学卒業後、NHKアナウンサーとして活躍する。退局後、エッセイ、評論、ノンフィクションなどの執筆活動を展開。『老いの覚悟』（海竜社）、『恋する覚悟』『持たない暮らし』『孤独の作法』（以上、中経出版）、『晩年の発見』（大和書房）、『砂漠に風が棲んでいる』（角川学芸出版）など多数の著書がある。

圧力鍋の幸せと原発禍の中で……

# 貧乏人の居直りで味わう茶の湯

「後端技術」研究家◎久島　弘

## 圧力鍋のメルトダウン

福島第一原発のニュースで圧力容器の絵が出ると、どうしても圧力鍋を連想してしまう。形はそっくりだし、沸騰水型原子炉など、名前からしてグラグラ沸き立つ湯が目に浮かぶ。チェルノブイリの年に旅先で買った圧力鍋は、今も素敵な暮らしのパートナーになっている。美味しい玄米ご飯が炊き上がるまでの約二十三分。それは、ささやかな幸せを感じる時間でもある。

が、かつてこの鍋も、メルトダウン寸前のトラブルで、私は心臓の止まる思いをした。チェルノブイリの事故から二年後の夏、八ヶ岳山麓で、大規模な野外イベントが開かれた。テーマこそ

「反核・反原発」と物々しかったが、会場の空気はのどかそのもの。広大な森の中に参加者のテントが点在し、私も日常生活を忘れ、久々の旅気分で寛いだ。

ある日の午後、木陰で夕食の支度をしつつ、お隣さんと盛り上がった。訊けば、彼らは電力業界紙の記者だという。偵察に送り込まれたのか、どこかキャンプ暮らしもぎこちない。しかし、まだ若い二人はガチガチの原発擁護派というわけでもなく、互いに率直な意見交換の場となった。

「電力会社も、事故続きの原発を持て余しているのでは？　実は手を引きたいんじゃないの？」

そんな私の疑問にも、あ然とする答えが返ってきた。

「『いま騒がれている事故なんて、初期のトラブルに較べれば事故の内に入らない』って笑ってますよ」

知らぬは住民ばかりなり、ということか。私はゾッとし、不安になった。連中はフランケンシュタインを手なづけ、飼い慣らせると本気で思っているらしかった。

「ボン！」という音と共に、私の圧力鍋に異変が生じたのは、ちょうどそんな時だ。シンプル構造のインド製圧力鍋は、安全装置も一つだけ。それとて五円玉形の単なる輪っかに過ぎず、鍋の内圧や温度が限界を超すと、真ん中の穴に詰めたハンダ状の金属が溶けて飛ぶ。その作動風景は「安全弁」というには荒っぽく、むしろ、第一原発一号炉の「爆破弁」的イメージだ。もちろん造りがアバウトな分、性能もテキトー。コンロから降ろして見ると、すでに凹から凸に鍋底は裏返っていた。

旅先での自炊生活や、持ち歩きのための分解・組み立てを通して、その構造からクセまで熟知している。そう自負していただけに、この不意打ちにはショックを受けた。しかし、さらなるびっくりは、変形したナベを試しに木槌で引っぱたいたところ、簡単に直ってしまったことだ。

似たような力業で、福島第一原発四号炉の歪みが修正されていたことを、後に読んだ本で知った。圧力鍋レベルの処置には呆れたが、木の陰から修理後初の飯炊きを見守った私と同じく、彼らも祈る思いで試運転に臨んだに違いない。

圧力鍋は気密保持がイノチだ。実家から宅配で送った鍋が不調となり、メーカーで詳しく調べてもらったところ、「本体が僅かに歪んでおり、修理は不可能」と突き返された。運送中に掛かった力が原因だった。

トンカチ修理したインド製圧力鍋にも、軽い後遺症が残っている。時たま症状が出るが、その都度、パッキングの調整で切り抜ける。

玄米は、『峠の釜飯』の容器を内釜に使った間接方式で炊いている。玄米自体、白米に較べて汚れが付きにくい。食器の後片付けも、イスに掛けたままの「三点セット」（霧吹き・ヘラ・少量のトイレットペーパー）で終わってしまう。

毎回、じっくり観察するうちに、コツは「汚れをそれ以上広げない」に尽きることも発見した。単に機械的に拭いたのでは汚れが転写されて思わぬ場所に飛び火する。それを避けるため、トイレットペーパーもくしゃくしゃ丸めず、キチンと畳んで一面ずつクリアする慎重さが必要だ。

三点セットの後片付けを披露すると、仕上がりの美しさに、驚きの声が上がる。この方法を広めたい私にとっては嬉しい反応である。ただ、残念ながら、「ウチに帰ってやってみたけど、上手くいかなかった」という人も少なくない。『汚れの非拡散』の認識が甘いのだろう。そこがポイントです、と繰り返し念を押しているのだが。

一番の汚れの媒介者は自分の手だ。流しに立つ場合も、両手に一個ずつスポンジを持つ。食器にじかに触れないよう注意すれば、手についた汚れが再び食器に戻ることもない。

最初をしくじると、イタチごっこになりかねない。兵器でなくとも、核は非拡散が原則だ。モグラ叩きのような汚染水処理に、現場作業員の苦労が思いやられた。東電幹部が日々台所に立ち、家族のために圧力鍋で調理し、三点セットで後片付けに励んでいたら……。多分、こんな事態にはならなかっただろう。

大震災以降、しばしば「そのライフスタイルなら、地震や原発事故の影響はなかったでしょう」と声をかけられる。震災当日を挟んで三週間ばかり関東を離れていたから、直接の影響こそなかった。けれど、実家のある関西にもガスや水の買い占め騒ぎは波及し、昔の勉強部屋に引き籠もり、カセットコンロで自炊していた私は少なからず焦った。やむなく都市ガス用の一口コンロを探しに出たが、カセットコンロの普及に押されたか、どの店にも見当たらない。仕方なく、一時帰京の折にアパートからガス缶を六本ほど持ち帰った。カセットコンロは暖房器具を兼ねる。この時期、ホームレスの皆さんは苦労されたに違いない。

アパートでは、押し入れのミネラルウォーターに助けられた。阪神大震災後のストック品だったが、消費期限の十三年オーバーなど、放射性ヨウ素の不安に較べれば可愛いもの。

一九八六年四月下旬、トルコ中部の小さな村にいた私は、チェルノブイリの事故も知らずに連日の雨に打たれ、青空市場の濡れた野菜をそのまま煮込んで食べていた。帰国後、一帯の放射能汚染を知った時は、もう後の祭り。以降、被曝の不安が消えることはなかった。そして昨秋あたりから体の不調が始まり、『3・11』前後には悪寒が耐え難くなってきた。近所の医師を訪ねると、悪性の甲状腺腫瘍の可能性が高いという。来るものが来たか。

暗い気持ちのまま覚悟を決め、専門病院を受診した。数日後に出た検査結果は、幸いにも「多分、良性でしょう」の嬉しい報せ。しかも驚いたことに、原因はヨード類の摂り過ぎだという。確かに長年、ハンパではない量の海藻を食ってきた。野菜不足を補うべくワカメを多食し、だし昆布の出涸らしもセッセと胃に送り込んできた。が、健康食品のイメージが強い海藻で体を壊すなど、夢にも思いはしなかった。福島被曝地のヨウ素剤配布の騒ぎを我が身に重ね、複雑な気分に襲われた。

数年前から、セラミック製のお茶ミルで緑茶を粉に挽き、抹茶仕立てで呑んでいる。もちろん、風流に目覚めたわけではなく、茶葉のミネラル分をすべて取り込め、茶かすの生ゴミも出ない、というメリットによる。医者に制限されてしまった海藻類の代役で、今後は野菜のサプリメント効果も期待できた。ただし、丸ごと吸収する以上、汚染は少ないほうがよい。原発事故以降、いやでも産地には敏感になった。

余談になるが、粉緑茶ながら、茶道用の茶碗を用意し、一応茶筅も使っている。当初は深底スープ碗とミニサイズの泡立て器で代用していた。が、このセットでは全く泡立たず、しかも、茶葉の細かい粉が底に溜る。泡に絡まなければ、粉茶は舌にザラついて不快なだけ。専用の道具には、ちゃんと理由があることを知った。

私は茶道に対し、単なるスノビズムの世界ではないか、と偏見を抱いていた。しかし、抹茶遊びを始めてみると、それらすべてが、日頃の私の暮らしそのものであることに気がついた。窮屈な茶室とその中心をなす釜は、我が六畳一間とカセットコンロの関係だ。一連の動作が座ったままで片付く点も同じなら、懐紙や茶巾は「三点セット」のトイレットペーパーの心に通じ、茶碗を愛でる所作など、仕上げの汚れチェック以外の何物でもない。

かつて見学したイスタンブールのトプカプ宮殿では、ズラリと並ぶ青磁大皿の迫力に圧倒された。目を奪われるままに、中国陶磁のコレクションを追って行くと、おしまいの方で、数点の日本の器に出会った。その、志野だったかの歪んだ姿を見た瞬間、懐かしさより、「そうか。侘び寂びも所詮は貧乏人の居直りか」との感慨がこみ上げた。茶の湯がモノグサとビンボーの産物であったとしても、何の不思議もない。

日本の政府は代替エネルギーの開発に殆ど無関心だった。市民団体の取り組みにも、むしろ、その芽を摘み取る姿勢で臨んだ。エネルギーは力であり、隠れ蓑的な税収システムでもある。独占することで国民の首根っこを押さえ、また巨大な利権を掌中にできる。今回の事故を機に、『刀狩り』に気づいた人々が自前の燃料や電気を手にし始めれば、権力の屋台骨を揺らせるのでは……。そんなことを考えながら、毎日、何となく利休の気分で茶を啜っている。

●くしま・ひろし　プロフィールは84ページ参照。

# 第三章

# 自然とともにシンプルライフ

無駄な電気エネルギーなど欲しがらないで

# 早寝早起き、「半農半読」の小屋暮らし

児童文学者◎久保田　昭三

## 夜の闇に想うこと

夏至を過ぎて、一か月あまりだが、七時には暗くなり、四時には明るくなる。それにならって、ぼくは七時には寝てしまい、のこのこと起きだすのは三時か四時だ。

暗い寝間では、枕元に据えたラジオを聞くか、あれこれと物思いにふける。眠りにつくのは十時くらいだから、睡眠時間は五時間か六時間だ。

ずっと昔の、電灯などついていなかったころ、やはり人々は暗くなったら寝て、ということだったろう。物思うことを、想像するといいかえたら、闇のなかでどのようなことを、つまり見えな

い像を想っていたか。夜のながい冬なら、十二時間もということになるが、かたわらにいる伴侶のこと、小さいわが子のこと、翌日の畑仕事のこと、そして神とか超越者の存在とか、そのようなことも、か。

こちらは、このごろ、あと何年息をしていられるか、などと。このまえ、暗がりにまどろんでいると、ふわーっと広い海が見えてきて、「秋よ、秋よ」という声を耳にした。翌朝、食事のまえに一枚のCDを探し、プレーヤーにかけると、トワ・エ・モアの歌が、

「今はもう秋　誰もいない海
知らん顔して　人がゆきすぎても
わたしは忘れない　海に約束したから
つらくても　つらくても
死にはしないと」

と。

そうだったのか、「つらくても　つらくても」と、どこかにそのような悲哀が宿っていて、それが四十年もまえにヒットしたフォークソングを思いださせたか。

美しい音楽を受けとるのは、感情ではなく想像だ、という説がある。そのとおりなら、身のまわりの自然が伝えてくる、風の、鳥の、虫の、そして辛さや淋しさを生きる庶民たちの、ことば

のない旋律に耳をかたむけたい。

小屋住まいの〝びりおじさん〟

おもては薄明の、その早いうちに、この独居老人はなにをしているか。電気コンロでのクッキング、といってもお湯をわかすくらいだが、それを使うのは電力使用率の低い早朝がいい。発芽玄米と黒大豆を炊いたものが、大きなおなべにあって、それを冷蔵庫からとりだしておわんに一杯、それだけの朝食だ。マグカップにお茶をついで、その一服は軒下のロハ台で。漢字の只（ただ）を二つに分けると「ロ」と「ハ」になる。喫茶店の椅子とちがって、公園のすみにあるベンチには無料でかけられる。それをロハ台というのだが、ここにあるのは、河原から拾ってきた丸太を横たえたものだ。

そこから、餌台に飛んでくるスズメたちを見あげるが、常連は五羽か十羽か、よく馴れてこちらをすこしも怖がらない。コッコ、ハナ、コハルと愛称でよんでいる三羽の愛鶏たちは、よく産卵してくれる。

そのうち、バイクの音がして、新聞屋さんだ。むこうの道路まで、通路の幅は一メートル足らずだから、そちらまで「おはよう」とそれを受けとりにいく。

ここの住まいを小屋といい、そこの主は自称「びりおじさん」で、その日常は半農半読書だ。

どうして「びりおじさん」かと聞かれたりすると、その「びり」は「のんびり」の、また「びりっけつ」の「びり」だと答える。

十五坪の菜園で「農」かなどというやつもいるが、「足を運んで、手をかけ、考えをめぐらし、思いを寄せる」と、それがガーデニングというもの、また人生というものではないか、と。

そこで、「読書」を「読み書き」としたいのだが、ぼくはよく「読みとる」といっている。「書を捨てよ、町へ出よう」といったのは寺山修司だが、ぼくは「書を捨てよ、野へ出よう」と、また、「文明の愚かさ、野生の賢さ」とも。

登山の好きな娘さんを山ガールというようだが、身のまわりの自然に目をやり、そちらから野生の知恵を読みとろうと、こちらもまだまだ健脚の野ボーイだ。

## 生きるための基本的な仕事「農」

人が動くと書いて、働くではないか、まず家族を養うために「職」に就くか。給与を手にしたいというより、生きるためにはしなければならないという「仕事」があり、そして基本的な仕事は食につながる農だろう。そしてまた、老いて不自由なく暮らすものには、身につけた知恵を小さい子供や若者たちに伝えるという「責務」がありはしないか。

この数年来、何冊か児童書を上梓したが、相当部数を買いとって、地区の小学校と幼稚園からどの子にも一冊ずつ渡してもらった。この四月には、絵本『おにぎり八つ』を。お弁当のおにぎりを、保育園で、ほかの園児たちに分けてあげるという二歳の女の子の話だ。人は、そのような無邪気さを失って、おとなになるのか。

食につながる農は、いま、ここではどうだろう。ジャガイモは、六月のはじめに掘りあげ、いつもの年より収量は半分だった。おなじところに、もう四十年もつくりつづけて、連作障害がでてきたようだ。

タマネギも収穫、そのあとに黒大豆とトウモロコシを蒔き、サツマイモの苗を百本、トマトが六本、ナスが五本、キュウリが二本、カボチャが八本か。

ニラは摘みとるそばから伸びてくるし、ブルーベリーの実はまもなく摘めるか。トリ小屋の上の、ブドウの蔓は三メートルも四メートルも横に伸び、実はまだかたいが棚のようになって、塩ビのひさしの下にいい緑陰をつくっている。

ぼくは、この暑さに、そちらへ出ていくときは短パンで、屋内にいるときは下着一枚だけの裸だ。日本一暑い町をいわれるが、市街地よりも水田も木立ちも菜園もあるという、このあたりは三度から五度は低いようだ。

## 原発禍に最も大事なのは想像力

あの三月十一日の、午後二時四十六分、ここでもたいへんな揺れだったが、小屋に異状はなかった。ラジオをつけたが、停電していた。翌朝、寝間で目をさまし、それをオンにすると、地震と津波と東京電力福島第一原子力発電所の事故で。

すると、そちらから一五〇キロもはなれた、このあたりでも、放射性降下物が。ヨウ素は、セシウムは、内部被曝は。ジャガイモは皮を厚くむかなければならないか、ナスもトマトもよく水で洗わないといけないか。

チェルノブイリ原発の事故と、ぼくはノルウェーの、水道も電気もきていない小屋で出会った。一九八六年の四月二十六日だったが、そのあと上梓した日記風のエッセイ集『小屋に棲む』に、こう書いていた。

「(友人宅に身を寄せた) それから数日後、ソ連の原子力発電所でたいへんな事故があり、『キエフ・カタストロフィー』とニュースになったのはさらに三日後の二十九日でした。小屋の北がわの屋根に樋をつけたばかりでしたが、放射能という死の灰がとんできたでのは雨水の利用どころではありません」

「生まれたものは、まちがいなく、いつかは死に至ります。けれども、生きているあいだにいのちを宿して、その種はこの世に生きつづけます。生きもののように動いてはいても、機械は機械でしかなく、やはりいつかはこわれます。とたんに大災害をもたらすこわれかたをしたり、役にたたなくなったあとも始末にこまるのが、原発で」

「わたしたちは、まちがいなくこわれるものを、おおがかりにつくっているのです。山岳の多いこの国（ノルウェー）には、水力による発電がさかんで、原発は一基もありません」

この自著は、そのあとA紙の書評欄に紹介され、「人間の欲望を必要以上にそそる大衆消費社会の愚かさや、原発の危険性を指摘し、何が起こっても不思議ではない時代に『最も大事なのは私たちの想像力だ』と説く」と。

初版は八九年九月だったが、この国で反原発運動がひろがったのは、その前年の八八年だった。けれども、運動はまもなくダウン、熱心に参加されていた人たちも、それをおのれの生活スタイルにつなげることをしなかったのではないか。たぶん、そのころよりも、発電量もその使用量も多くなっているはずだ。

### 小さく暮らして大きく生きる

三十年もまえに出た隔月刊誌『80年代』の創刊号に、田中幸夫さんが「石炭は人間を傲慢にし、石油は人間を堕落させ、原子力は人間を破壊する」と書いていた。

ヨーロッパには、「KIITG」という反原発グループがあったが、KEEP・IT・IN・

THE・GROUNDの頭文字だ。地下に、そっとしておけばいいものを、人間を破壊するウランなどを掘りだしたばかりに。

フィンランドでは、自国の高レベル放射性廃棄物を、五〇〇メートルも掘りさげた岩盤内に、このさき十万年ものあいだ格納しておこうという施設を建造中という。「トイレのないマンション」ともいわれる原発だが、その危険な汚物には安全な捨て場もない。この町でも、汚泥から微量の放射性物質が検出され、屋外コンテナに保管されることになったという。

どうだろう、ぼくは「ノーはおおぜいで、イエスはひとりで」といったりするが、原発は「否」とおおぜいで声をあげるのも、手をあげるのも、歩くのも、書くのもいい。

そして、ひとりびとりが「小さく暮らして大きく生きる」という、この世での好ましい在りかたをイメージして、それを「諾」とできないか。

電気エネルギーなど必要以上に欲しがらないで、いつも早寝早起きで、暑い夏には裸で、と。

●くぼた・しょうぞう　プロフィールは31ページ参照

生活を客観視しデータを分析する

# 食を大切に、暮らしを楽しく

食文化研究家◎魚柄 仁之助

「月九千円の食費」に秘訣などありません

一九九四年に出した僕の事実上のデビュー作が『うおつか流台所リストラ術』（農文協）です。この本は過去十年ぐらいの食日記や書きためていた食のエッセイをまとめたものですが、もとは友人の医者から患者さんがラクに実践できる食生活の本を作ってほしいと頼まれたことがきっかけだったんです。

当時の本業は古道具屋でしたが、若いころから食文化や料理に関心があって、古道具を売る傍ら、「いつか食生活作家になってやろう」と心ひそかに目論んでおりましたので、食文化研究はフィールドワークでもありました。そんなこんなで身近な食材で作る、簡単で栄養豊富な料理の知恵についてもかなり蓄えていたんです。

でも、栄養学的裏づけはちゃんととりつつも、「これを食べたら健康になれる」とか、「貧乏だけれど健康になれる」というコンセプトの本にはしたくなかった。で、どこに基準をおくかということで家計においてみたんですね。「月九千円でおいしく食べられる」となったら、仏教徒だろうがイスラム教徒だろうがキリスト教徒だろうが飛びついて本を買うだろうと思って（笑）。

その狙いが見事当たりまして、たくさんの人が秘訣を教えてほしいと取材にきました。しかし秘訣なんかありません。ただ一つ、食べることを大切にすればいいだけなんです。

「月九千円」というのは、我が家の食費に基づいて出した数字です。食日記には材料費もつけていましたから、過去十年分の食費を計算してみたらカミさんと二人で平均一万五千円だった。つまり十年の生活を客観的に分析し、データを取り、分析してみたら、たまたまそういう数字になったというだけです。実際は一人七千五百円ですが。ちょっと収まりがどうかと思って「月九千円」にしたのです。

それでも刺し身はしょっちゅう食べますし、朝食も十品以上は食卓に並びます。お酒も、毎日うまくていいお酒を飲んでますよ（笑）。

年間生活費もカミさんと同居以来ほとんど変わらず、食費、光熱費、その他を合わせて三十六万円程度。カミさんは寒がりですから冬は暖房を使いますが、僕は褐色細胞の多い野生の体らしいので暑さにも寒さにも強い。冷暖房なしで過ごせるので光熱費も月五千円程度でしょうか。

電気やガスといった文明の恩恵はちゃんと受けつつ、食べることや暮らし方を、大事に、楽しく、かつ快適さを追求してみたら、結果として年間三十六万円だったということにすぎません。

## 自炊と手作りが基本中の基本

食を大切に、とは僕の場合、具体的には自炊と手作りが基本になります。とはいっても大げさなことをするわけではない。

たとえば僕がよく活用しているのは自家製乾物で、野菜でも果物でも、肉でも魚でも、その日使う分を残して、あとは何でも干物にしてしまいます。釣り道具屋で売っている干物作りネットを買ってきて、野菜なら根菜類を一センチ程度の厚さに切り天日干しする。輪切りにしたナスやつぶしたミニトマトも干して乾物にする。豚肉や牛肉もスライス肉に塩をあてて軽くもみ、広げて二〜三日干してカリカリにしておく。

寝る前に野菜乾物といりこと昆布を鍋に入れ水を張っておけば、翌朝には野菜が切り立てのごとく元に戻っています。そのまま火にかけて味噌を溶き入れれば野菜たっぷりの味噌汁になる。干した豚肉も一緒に入れておけば豚汁ができてしまう。

魚も同じように自家製干物にしたり、切り身なら味噌漬けや粕漬けにして保存する。

こんなふうにして、食材を買ってひと手間かけておけば、冷蔵庫で食べ物を腐らせることもない。日持ちする保存ストックもたくさん作れますから、生鮮品は本当に必要なものを必要なときに買うだけで済みます。

そのような話をすると「自分にはできない」と言う人もいます。とくに定年退職したおじさんたちに「ご飯すら炊いたこともないのにできっこない」って言う人がいっぱいいる。それは「できない」じゃないんです。やったことがないだけ。

そんなおじさんたちに「やってみたこともないのにできないと言うのは日本語としておかしくない？」と聞くと、「それもそうだ」と（笑）。「なんでもやってくれた妻の呪縛で自分はできないと思い込んでいるだけなんだから、その呪縛を解きなさい」と言ってご飯を炊かせてみると、最初は水加減に失敗してべちゃべちゃご飯になったりしながらも、何回か試行錯誤するうちに炊けるようになるんです。

できないと思えばできない。けれどもやってみたらできるんです。自分であれこれ考えて工夫してみる、実験感覚で作ることを楽しむ、そこからいろいろな知恵が出てくるものなんです。

## 料理は試作と思索のたまもの

僕が自炊生活を始めたのは十九歳、大学に入って親元を離れてからです。仕送りもないし、外食はまずいし高いしで、貧乏学生としては自炊するしかなかったから、仕方なく料理をやり始めたわけです。

実家は大正時代から続く料理屋でしたが、料理屋にとって料理は仕事、台所は職場ですから、調理の現場に子供は入れてもらえず、親からとくに料理を教わったわけでもありません。バイトでお金を稼いで、「一個三十円のカップラーメンと二十円のニンジンとどちらを買おうか。ニンジンのほうが量もあるし栄養もありそうだからニンジン買っておくほうがいいか」なんてレベルから料理作りが始まっているんです。

ただ理科大好き少年でしたから、近所でウナギをさばいているお店とか、飽きもせず一日中眺めていましたね。親が連れて行ってくれた飲食店の調理仕事なんかもよく観察していました。

実験も大好きでしたし、仮説を立てて検証するってことも大好きだった。昔のマンガによく出てきたマッドサイエンティストみたいなもので（笑）、「これとこれを合わせたらこうなりゃせんか」と考えて試してみるなど、得体の知れない研究が大好きでした。中学生のときは、「なんで卵の白身がこんな菓子になるんだ？」という疑問から、実験感覚でメレンゲ作りやババロア、マシュマロといったお菓子作りにはまったこともあります。

いろいろ観察したり、試したりが好きだったので、そういう意味では料理は自分にぴったりだった。料理は科学で、台所は実験室みたいなもんですから、理科少年として培ってきた理科の知識を大いに役立てることができるわけです。

そこに貧乏学生ゆえの工夫も重なって腕が磨かれていくわけですね。〝もどき〟もよく作りましたよ。マヨネーズが食べたくて作ってみようと思っても卵は高い。卵はたんぱく質だから、同じたんぱく質の大豆を使ってみたらいいんじゃないかということで、ゆでた大豆をつぶして練ってマヨネーズもどきを作ったり。そうやって遊び感覚、実験感覚で、いろいろな試作を繰り返して、知恵や技術や知識を身につけていったわけです。

この「試作する」ということを多くの人がしなくなりましたね。試作しなくなったってことは、考えることをしなくなった、思索しなくなったということです。

たとえばサケの白子ってありますでしょ？　いまの時期、スーパーでも売られるようになりましたが、これって三つ入って百五十円くらいとめちゃくちゃ安い。このめちゃくちゃ安い食材を高級料理ふうにしてみようと試作したのが「サケの白子パテ」。白子をすりつぶして、つなぎにほんの少し片栗粉を入れて、粘りを出すために塩を入れ、ミキサーでガアッと混ぜ合わせる。できたタネを容器に入れて蒸したらできあがり。ゆず胡椒とか唐辛子味噌をつけてもいいですし、イクラを数粒のせれば、あっという間にフレンチのオードブルふうになる。突き出しなら五百円はとれますよ（笑）。

だまくらかして友人たちに食べさせれば、「こんな高級そうなもん食べさせてもらって……」と感謝され、次は酒の一本でも持ってきてくれます（笑）。イタズラ心と遊び心、そして考える力があれば、いくらでもうまいもんが工夫して作れるというのが料理の醍醐味だと思うんです。

ユッケにしたって、生肉のユッケが食べられなくなったからって大騒ぎする必要はない。どうしてもユッケが食べたいなら、サンマの刺し身を味噌としょうゆとごま油と唐辛子とニンニクの自家製ユッケだれでバッとあえる。安い解凍マグロを牛肉ふうに切って自家製ダレであえる。ここにウズラの卵でも落とせば見た目も味もユッケになります。

そもそも日本人は肉を生食する文化を持たないわけですし、ユッケが食べられなくなっても何も困りはしません。生肉が食べられなくたって、日本の食には他にもうまいもんがいっぱいあるんです。なんであんな大騒ぎになるんですかね。

「食べる」とはどういうことか

僕は五十歳を過ぎましたが、僕が生きてきた五十年の間に日本人の食は大きく変わりました。食べることを大事にする姿勢も薄れていったように思います。

『冷蔵庫で食品を腐らす日本人』（朝日新書）を出したとき、帯に大きく「食べ物さん、ごめんなさい」と入れたのも、食材を使い切ることをしないで、どんどん食べ物を買い込み、食べ切れずに腐らせていくことへの懺悔《ざんげ》の気持ちからなんです。

食生活が変わったことで、ものを食べるということがどういうことなのかも忘れられてしまった。

僕が生まれ育った昭和三十年代の北九州の海辺の町には、リヤカーを引いて魚を売っているおばちゃんがたくさんいました。子供が行くとカンロ飴をくれたんで、それ目当てでおばちゃんたちの後をよくついて歩いたもんです。

そのおばちゃんたちが、お屋敷でヒラメが売れると、さばいて出たアラをもらって帰って自宅の台所で煮付ける。近所には戦争に行って負傷した軍人さんがいて、そうした人たちに「ヒラメのアラば煮たから食べんね」とまず分けてから、自分はその残りと冷ご飯で食事を済ませる。お仏壇にもそなえて「今日も一日食べられました」と手を合わせて、「ありがたいね」「おいしいね」と一日の糧に感謝する。

イワシが売れ残っていたら手開きで開いて一夜干しにして翌日それを売り、そうした生活を毎日繰り返して死んでいく。おばちゃんたちの唯一の楽しみは組合が年に一回連れて行ってくれる日帰り旅行です。

その日食べられたことに「ありがたいね」と感謝し、「おいしいね」と喜びを味わう。あまったものも無駄にせず、次の糧につなげる。僕にとって、〝ものを食べる〟ということがどういうことなのかの原体験がここにあるんですね。生きることと食べることは同義なんです。だから食をおろそかにしたくない。

僕は「喰う」という言葉を使いません。「喰う」は獣がエサを喰らうこと。食材を調理して、加工して料理にして食べるのが「食べる」なんです。「食べる」には、頭を使い工夫することが必要で、「ありがたい」と思う気持ちもそこにはあるんです。

## 「毎日が命日」と思えば

一九八〇年代に秋葉原のホームレスのおじちゃんたちを取材したことがあるのですが、「ホームレスのおっちゃんたちだから貧しいものを食べてるんだろうな」なんて思っていたら、その晩飯がえらく豪華だった。カセットコンロに拾ってきた鍋をかけて、近くのスーパーから期限切れのハマグリやら豆腐やらをもらい受けてハマグリ鍋なんかを食べているわけです。鍋一面ハマグリだらけの豪勢な鍋なんですよ。脇にズワイガニなんかも置いてあって。

近くにまだやっちゃ場がありましたからクズ野菜も手に入り放題。「もうハマグリは飽きたから、次はエビ入れろ、カニ入れろ」とか言いつつ、みんなで豪勢な鍋をつついて安焼酎を飲んでいるわけです。大根葉の塩もみなんかもあって、食の自立偏差値がすこぶる高い。

食費に金がかからないから、ダンボール集めで稼いだ金を「いつかアパートを借りてここから出て行くんだ」とせっせと貯めている。明日のために生きているから、どのおっちゃんもものすごくパワフルなんです。

ところが二〇〇〇年代に入ってから取材をしてみたら、まったく食生活が変わっていた。空き缶を集めて八百円になったら、すぐコンビニへ直行。そこで焼きそば、カップめん、弁当、ジュースを買って、稼ぎをパアにしてしまう。若いホームレスの人だと、マンガ喫茶やインターネットカフェに行って過ごす。

八〇年代のブルーテントのおっちゃんたちは自立した食生活を営んでいましたが、それが二十年後には様変わりしていた。食の自立がなくなると同時に「明日のために生きる」パワフルさも失われていました。みんな自分は社会の役に立っていないとふさぎ込んでいる。自分はなぜこんなに不幸なんだと嘆いている。

普通に暮らす人たちも、いまは明日への不安と、過去やいまに対する不平不満の中で生きている人が多いですね。僕は、そうした人には「人生ものさし」を持つことを提案したい。自分の人生を百歳までとして、それをものさしに置き換えてみるんです。

五十歳を超えた僕の場合、ものさしの目盛りは真ん中まで来ていますが、残り半分の目盛りのどこまで生きられるかはわからない。人生の持ち時間って漠然としていますが、ものさしにして持ち時間をながめていると、過去をぐずぐず言うより、先をどう生きるか考えるほうが大切だと思えるようになるんです。いつ死ぬかわからないのだから、持ち時間は有効に使わねば……という気になる。

この「人生ものさし」を考えるようになったのは十四歳のときなんです。左目に針金が刺さる事故で視力を失い、下手したら命まで失っていたかもしれない体験をして、「人間はいつ死ぬかわからない」と悟った僕は、「死ぬときに、しまった！ と思うのだけは嫌だ」と考えた。

同時に、座右の銘も考えたんです。「毎日が命日」――十四歳が考えたにしてはよくできた座右の銘でしょう（笑）。

実際、人間は、自分がいつ死ぬか知ることはできません。「毎日が命日」と思えば、いま生きて食べられることがいかにありがたいかわかってくるし、食べ物も食べ方も大事にしようと思うようになりますよ。頭を使って、楽しく、おいしく食べようと工夫をする気にもなるはずです。そんなことが、明日を生きる力につながると思うのですが。

（構成・編集部）

●うおつか・じんのすけ　一九五六年、福岡県北九州市生まれ。大学で農業を学び、古道具店などを経営する傍ら、日本の食文化の調査・研究を続ける。実践に基づく健康的な食生活を提言。『食べ物の声を聴け！』『食べかた上手だった日本人』（ともに岩波書店）、『世渡りの技術』（ソフトバンククリエイティブ）、『うおつか家の台所実用ノート』（ゴマブックス）など多くの著書がある。

どれほどみすぼらしく映ろうが……

# 自分の尊厳を腹の底にすえて生きる

作家・イラストレーター◎遠藤　ケイ

不要な道具の氾濫

——房総の山の中からこちら（新潟県三条市の山里）に移って七、八年というところですか？

そうですね、房総には二十四、五年いたかな。房総は温暖で暮らしやすいけど、長くいるとアバラが一本欠けてくる。以前から雪国で暮らしたいという思いがあったことと、なまった自分をもう一回鍛えなおそうという思いも強かった。厳しい暮らしになるだろうとは思っていたけど、最初の冬は想像以上でしたね。

——でも、もともと三条の生まれだから雪は経験済みでしょう。

町と山の中では全然ちがう。いきなりひと冬閉じ込められた。小屋の屋根を張り終わらないうちに雪が降り出して、約四ヵ月、小屋で蟄居です。

――そうとう冷え込む？

雪が降ればそうでもない。マイナス十度になることは滅多にない。最寄りの部落までは雪がなければ徒歩十分くらいの距離ですが、雪が積もると、その中を泳ぐように進んで二時間くらいかかる。毎日歩いて踏み固めていればそんな状態にはならないのですが、仕事で数日家を空けたとき降雪があると二時間。酔っ払って帰ってくると何度も転んで、もうこのまま雪の中で寝るかという気になる（笑）。

――春が待ち遠しくなるでしょうね。

少しはね。でもやはり僕は冬が好きだから。本当の静寂が味わえます。雪があらゆる音を吸収して無音になる。誰も訪ねて来ない。つらくても誰にも頼れない。あらゆることを自分の問題として切り抜けていかなければならない。孤独は人間を強くします。

――お邪魔してすみません（笑）。ちょっと昔話になりますが、そもそも東京から房総の山中に暮らし始めたのは、どんな思いからなんですか。

高校にちょっと足かけたくらいで家出同然のように東京に出て、デザイン事務所に住み込みで就職したんですが、二、三年で先生のかわりに仕事をするようになって、自分でもこの世界でやっていけるかなと思い始めたんです。先生との喧嘩がきっかけで独立したんだけど、ところがデザインコンペで相手にされなかった。当時は作品と一緒に履歴書も提出したのですが、それでハネられる。まわりはみな芸大だったり美大だったりする中で、いくらデザイン事務所を切り盛りしてたといっても高校を出ていないわけですから、学歴社会にあっては鼻にも引っ掛けてもらえない。つくづくこの社会には自分の居場所はないと思いましたね。強烈な疎外感を味わいました。

東京には俺の居場所がないと思いながらブラブラしていて、ポツポツ仕事やって、たまに金が入ると、目的があったわけじゃないけど地方に行って。たいてい東北のほうでしたが、いろんな人たち、山仕事をしている人とか漁師とか職人とかを訪ね歩いたんです。山仕事の人たちが多かったのですが、仕事手伝って、終わったら酒飲ましてもらって、いろんな話聞いて、泊めてもらって……そういう時間がなんともいえず心地よかったんですね。そして、そういう人たちの生き方、暮らし方こそ、本物なんじゃないかなと感じて。彼らが、それまでの日本を支えてきたということもよくわかったし。

しかも彼らの技術は奥が深い。仕事でも暮らしでも、自然とどう折り合いをつけるのかという知恵に支えられているわけだから。その技術や暮らし方にすごく共鳴して、そこで見て触れたものを書いていくことはできないかなあと思い始めたわけです。幸いボチボチと雑誌に載って、それが最終的に『男の民俗学』（現在は小学館文庫）となった。

しかし、彼らに共鳴し、彼らと共にいると心地いいんだけど、結局、自分は東京に帰っていくという後ろめたさがありましたね。同時に、都会の価値観が地方にも浸透して田舎もそうとう変わりつつあった。そういう中で、おこがましいけど、自分も彼らの生き方、暮らし方を体現しながら、地に足がついたものを書いていくことはできないかと考えて、思い切って山の中に入った。そして本当に何もないところから始めてみたわけです。

——いくつのときですか？

二十九歳。長男が三歳、娘が一歳になるかならないか。

——自力で小屋を建て、生活道具も自分でつくる。徒手空拳ってやつですね。

本当に何もないところから始めて、必要なものは極力自分でつくる——そういうふうにやってくると、人間が生きていくうえで必要なものと、不必要なものがわかってくる。それにいろんな道具を自分でつくっていくと、道具というものの成り立ちや特性もわかってきます。本来、人間は手という優れた道具を持ち合わせている。人は手の延長として道具をつくり出してきたのですが、道具が多様化しすぎて、いらない道具まで氾濫している。人間の手ほど、汎用性のあるものはないですよ。多少持ちづらくても手が合わせていく。使い込むうちにすり減ったりして、道具が手にしっくり合ってくる。そのときにはじめて、道具が手の延長として機能してくる。

——肉体が後回しなんですね。先にモノがあり、安易な便利さに飛びつく。

道具は本来、人間に合わせていって使い勝手がよくなり、磨き上げて味が出てくる。人間の生き方と一緒です。

――道具は、長年使い続けられてきて洗練されるということですね。人間に合わせるかたちで。

そう。それで進歩しないところはまったく進歩しない。逆に退化した部分もある。進化する部分と、ここはこれでいいと変わらない部分、逆にもっと単純化できないかと退化の道を歩む部分。そこには人間の手という機能が密接にからんでいる。道具は使わなければ道具じゃないわけだから。

## 野糞で村八分

――長年フィールドワークとして見てこられたものづくりの現場はいかがですか。

手仕事が少なくなりましたね。僕は、日本の社会がおかしくなったのは、職人が駄目になったということと、手仕事がなくなったことにあると思います。

たとえば鍛冶。三条は、昔は鍛冶屋の町で、小さな鍛冶屋がたくさんあったけど、激減しましたね。四、五人、本物の職人が残っているくらいです。あとはほとんど機械化されてしまった。

いま僕は鍛冶道場をやっていて、できるだけ若い鍛冶屋を講師にひっぱってくるのですが、自分で鞴《ふいご》で火を熾《おこ》すということすら知らない。とにかくいろんな機械を欲しがります。つまり強引にかたちをつくるということに慣れてしまっている。かたちさえ整えれば道具になるという発想があって、それがそもそもまちがっているんです。

昔の鍛冶屋からはトンテンカンという音が聞こえてきた。あれは千度を超えるような熱の中で、真っ赤を通り越して黄色くなった鉄はすごく軟らかいから叩けばトンという柔らかい音がする。二度目叩くとき鉄はもう冷えかかっているからテンと音が高くなり、さらに冷えるとカーンという高い金属音がする。だからトンテンカンという音だけで、鉄が変化していることがわかる。力加減と火加減で、鉄がどう変化し、どういう状態なのか、だからいまどういう作業をしなければならないのかが、体でわかってないといけない。だから素材にも通じるし、火のこともよくわかる。そういう過程を経て道具というものはできあがっていくものなんです。

しかしいまは、機械でバーッと風を送り、一気に温度を上げ、機械でガンガンとやる。あっというまに鉄は延び、かたちは整う。素材がどうか、火加減はどうかなんていうことは関係ない。そうなるといかに数打ってカネにするかという発想になるのは必然です。複合材といって鋼と地金がくっついた材料が板状になっていて、それを型で抜いて、グラインダーで刃をつければ終わり。ものすごく早い。

でも長い目でみれば、そうした量産は自分たちの首をしめることになる。いかに安くつくるかにかかっているわけだから。安くて、かたちになればいいから、モノに対する責任など持ちようもないでしょう。たまたま出先で、金槌をホームセンターで買って釘打ったら、金槌に釘の頭の模様がついた。釘より軟らかい金槌が出回る世の中になった（笑）。

――高度経済成長ですか、その元凶は。

たしかにあの時代、昔のものをぜんぶ切り捨ててしまった。歴史的に見れば、時代の過渡期に過去の伝統や精神文化を切り捨ててきたんです。明治の文明開化もそうです。

しかし職人そのものにも責任はあると思います。世の中が変化し機械化による技術革新や価値観の変化があろうが、そんなものは自分の技量の中に取り込んでやってみせるというくらいの気概と柔軟さがなければいけなかった。俺はこれしかつくらないといえばカッコいいけど、変な頑固さが職人の誇りだと勘違いした人がたくさんいた。その結果、取り残され衰退してしまった。自分の腕に対する自信がもたらす頑固さならいいのですが。

――手間をかけてものをつくることが敬遠されているんでしょうか。

たとえば農家の人たちにしてもおかしな意識が蔓延している。いかに量をとるか――発想は、ただそれだけ。だから化学肥料頼みになる。手間をかけるということを惜しみますね。

僕は数年前からフィンランドのエコレット社製のエコトイレを使っていますが、それまではずっと野糞でした。そうしたら下の農家から厳重な抗議があって大喧嘩になった。

「俺は水のところで用足しはしていないし、房総時代、つまり二十九歳のときから一貫して野糞をしてきた野糞のプロだ。穴掘って埋めて、紙は埋めない。一ヵ月もすれば土になってる。自分たちだってつい三、四十年前まで糞尿を買って撒いていたじゃないか。汚いという発想はないだろう。大量に使っている除草剤や化学肥料のほうがよほど危ない」とやった。当然、村八分。

——村八分は解けたんですか？

去年やっと部落の仲間に入れてもらえた。エコトイレを使い出したからね（笑）。

——ヘンなもの食べてない人の野糞なら問題はないですよ。化学的なものをたくさん摂取してる人の糞尿なら問題でしょうが。

エコトイレを使い出して三年くらいになりますが、タンクの中に腐葉土を入れるだけなんですよ。タンクは四分割されていて、そのうちのひとつの枡《ます》がだいたい一年で一杯になる。そうすると回転して次の枡を使う。ちょうど一回転したときにはサラサラの土になっているという仕組みです。

エコレット社の社長と話をする機会があって、僕が「俺はもう三十年以上エコレットをしているといったら、怪訝な顔をしてるから、「要は野糞といっしょでしょ」と続けたら、「そのとおり！」と感激してた。それで君に日本での販売権をあげるという話になって。日本のバイオのトイレは大がかりでバカ高いけど、一台十七万円、ものすごく安いですよ（笑）。

## 一人で生きると腹をくくる

――徹底的に一人で生きるとなると、世間との軋轢《あつれき》があったりしませんか。

しょせん人は、個人として生きるか、集団的価値観の中で生きるか、どっちかを選ばざるをえない。個で生きると、時間はすべて自分の時間です。それは自然の生命サイクルと同じ時間軸で生きることにつながる。人は本来、自然の時間軸を体内に持っていて、その時間軸で生きることがいちばん心地いいはずなのですが、都市的な集団社会では、体内的な時間軸とは全然ちがうものになる。その時間軸にはめ込まれ、長いこと続ければ、つらいしストレスがかかります。

人間が時間を操作したり支配しようとすると、逆に時間そのものにがんじがらめになってしまうし、時間自体があたかも意志を持ったようにどんどん加速していく。集団的に生きると、それに追いついていかなければいけないから、肉体も精神も疲弊していく。現代の病理はそこから始まっている。

――個で生きる人は、集団で生きるという価値観の破壊者ともいえますが、疎外され白眼視される。そういう風当たりは怖くないですか。

僕はそもそも他人が自分をどう見るかなんてことに関心がない。どれほどみすぼらしく映ろうが気にならない。自分の尊厳は腹の底にすえて暮らしていけばいいだけです。それは僕がそうだということじゃなくて、いままで僕が見てきた人たちがそうだったということです。そしてそれが人間としていちばん崇高な生き方、暮らし方だと思ってますから。自分もそこに連なりたいと思っているだけです。

――非常に軽く言ってしまうと気の持ち方ひとつ？

そうですね。たとえば自然の仕組みを見ると、自然の中ではどんなに小さい虫であろうが植物であろうが、自分たちの本能に従いつつも、なんらかの関係性があり影響しあって生息している。そして、小さい変化は最終的に全体に対する影響力を持っていて、それによって全体が変わることがある。全体が変わり、ひとつのかたちが出来上がると、今度は個に強要するようになる。自然の仕組みにはそういう相関関係があるわけです。

人間の社会も同じだと思います。だからどちらを優先するかということよりは、それぞれが自分に忠実に、個としてどう生きるのかということが大切なんです。

動物的になれということではないですよ。つまり僕自身ずっとこういう生き方をしてきた、ただそれだけであって、人に影響されたくもないし、人に影響を与えたくもない。ただ自分が興味を持ってやりたいことをそれなりにやってきただけです。「俺は一人だ」といっても、何らかの関係性の中で生き、やはりどこかで助け合ったりしてるわけです。でも基本的には、まず一人で生きるという腹のくくり方がないと、とは思います。よく、「人間は一人では生きられない」と言いますが、一人では生きられないからこそ、一人で生きる努力をしなければならない。宮澤賢治は「社会全体が幸せにならないと個人の幸福はない」というようなことを言っていますが、逆説的に「個人が幸せにならないと、社会全体の幸福はない」という言い方もできます。

――地元で若い人たちと古民家の再生をやってますね。

古民家を見ていると、いままで僕がやってきたことの集大成が、まさにそこにあると感じますね。昔の家は、森をそのまま里に移築した空間です。木と紙でつくられ、土間があり、水は川から引き、また外に流す。竈《かまど》には生の火がある。森そのものです。そこに暮らしの知恵がつまっている。薪《まき》から森を理解し、生活水で川の上流の様子を判断する。身の回りの自然の状態を、日常の皮膚感覚で察知することができる。経済的なことを別にすれば、そういう感覚で日常の暮らしが成り立っていた時代はいい時代ですよ。そこに学ぶことはたくさんあります。

自然を遮断して快適空間を求めるのが現代住宅なら、昔の家はまったく逆。いかに自然と融合していくかですから。あらためて自然をどうのこうのと大げさにとらえなくてもいい。

でも若い人にとっては不便きわまりないようです。煮炊きするのに、いちいち水を汲んで、薪を燃やさなきゃならないわけだから。

――煮炊きに時間がかかるということは、それだけ自分の時間を多く持ってるということで、それはぜいたくなことですけどね。

手間省いて楽になってるのかというと、逆に次から次へと追い立てられて時間がないという人ばかり。煮炊き、水汲みといったことを労働ととらえカネに換算するから、手間かかることを無駄なことだと判断してしまう。そして体動かさないから、カネ払ってフィットネスクラブ行って、つまらない踊りで汗流している（笑）。そんな暮らし、俺は嫌だということです。

（構成・編集部）

●えんどう・けい　一九四四年新潟県生まれ。国内外を旅しながら民俗学をテーマに人々の生業や風俗を取材している。「NPOしただテラ小屋」代表。主な著作に『子ども遊び大全』『田舎暮らしの民俗学』『おこぜの空耳』『男の民俗学』『遠藤ケイのキジ撃ち日記』『賢者の山へ』『海の道 山の道』などがある。

劇的な「生活縮小」で手に入れたもの
# 最大の豊かさは「自然」だと実感する日々

フリーライター◎樺島　弘文

## 朝の気持ち良さに惹かれて

二〇〇二年三月末、一人息子が中学に上がるのを機会に、東京から逃げ出し、栃木県の馬頭町（現・那珂川町）という山間の町に住みついた。

その半年ほど前に、セカンドハウスという名目で小さな家を建てて、週末などに遊びに通っていた。夜ともなれば、イノシシやハクビシンが普通にお出ましになる山の中である。「こんな不便なところには住めない」と嫌がる東京生まれ東京育ちの家内の猛反対を押し切っての移住だった。

わが家は、南北を三〇〇メートル級の山並みに挟まれた谷間の一隅にある。幅二、三〇〇メートルの谷間には畑や田んぼが拓かれ、小さな集落が形成されている。その古い集落の仲間に入れてもらったのである。

谷は右に左に緩くカーブしながら、東に向かって上ってゆく。わが家の玄関から東を眺めれば、数キロ先を南側の山並みがさえぎって、北側の山並みに連なっているように見える。手前には畑や田んぼが広がり、目の前はプラムの木が十数本立ち並んでいる。低い山並みに囲まれた里山の風景そのものである。

朝、玄関先に立って、その風景に身をさらすのが好きである。夏ならば六時頃、冬ならば七時頃、もう夜は明けていて十分に明るいのだが、正面の山並みから太陽が顔をのぞかせる瞬間が、何とも気持ちいい。

冬の冷気のなかでも、顔や体に陽の光が当たりはじめると、途端にポカポカしてくる。そうなれば、キーンとした冷気もむしろ心地よく感じられるようになる。

春が訪れ、木々が色づく頃になると、太陽の光に照らされて、葉っぱ一枚一枚がキラキラと輝いてくる。朝露が残っていれば、その輝きは倍する。

六月になると、プラムの木が白い可愛らしい花をいっぱいに咲かせていて、その後ろから太陽が昇り輪郭を縁取るように照らすと、まるでプラムの木たちが微笑んでいるように見える。

日に日に色を濃くしてゆく緑の、そのきらめきは生命のエネルギーに満ち溢れている。朝の景色に溶け込んで、私の身体の細胞も生き生きと動きはじめる。

この朝の時間の気持ち良さは、何ものにも代えがたい。この気持ち良さに惹かれて、移住を決心したようなものである。もちろん、この気持ち良さを得るために、捨てなければならないものも多かった。

## 移住で極端に減った「収入」

馬頭町は栃木県の北東部に位置し、茨城県と境を接している。面積の八五％は山林だ。町に鉄道の駅はない。「最寄りの駅は？」と聞かれると、一応「東北本線の氏家駅から車で四五分」と答えることにしているが、氏家駅そのものがマイナーだから怪訝な表情を返されてしまう。分かりやすく言えば、宇都宮から北東に向かって、車で一時間ほどのところだ。

私たち三人が暮らしているのは、馬頭町のなかでもかなり外れの山間である。町の中心部まで六キロほどで、そこまで行けば地元のスーパーも二軒ある。コンビニも三軒ある。しかし、マクドナルドはない。ケンタッキーもない。吉野家の牛丼もない。ファミレスもなければ、喫茶店もない。

最初、馬頭町を訪れた時、息子はこの「ないないづくし」に絶句していた。東京では、よく出かけていたプラモデル屋やビデオ屋もないのだ。都会で生まれ育った子供にとって、普段当たり前に利用していたお店が無くなる生活など想像もつかなかったであろう。家内だって、似たり寄ったりである。私にしたところで、「少し前の日本では、これが普通だったんだし、多少不便でもどうにかなるさ」くらいの考えしかなかった。

しかし、はっきり分かっていることもあった。端的なのは、収入が大幅に減ることである。「大幅」などという生やさしいものではない。

東京では、プレジデント社という出版社に勤め、雑誌や単行本の編集の仕事をしていた。ビジネス誌の『プレジデント』の編集長や出版部長も務めさせてもらった。退職当時の年収は額面で一三〇〇万円ほどだった。

田舎では、こんなには稼げない。移住を決めた時の私の目標年収は三〇〇万円である。ちなみに、移住一年目の年収は、トマト農家のパートや雑誌・単行本の編集などで二四〇万円ほどだった。馬頭町では三〇〇万円あれば、親子三人が何とか暮らしてゆける。もっとも、三〇〇万円稼ぐのは結構たいへんである。近所の人に「三〇〇万は贅沢だあ」と諭されたことさえある。目指すところは、年間三〇〇万円を稼いで、三〇〇万円で暮らせるような生活を作るということである。

移住する前には、いろいろ思い悩んだ。

田舎は物価が安いとはいえ、収入がそれまでの四分の一、五分の一となれば、それを惨めと思うだろうか。収入が下がることが、人間の価値が下がることに直結するとは思わない。だが、収入が増えれば誰だって嬉しいし、認められた気にもなる。その逆はどうなのか。

お金をたくさん稼ぐ人が偉い人、楽して大儲けする人が賢い人、より多くの収入を得てよりリッチな生活をすることが幸せになる道。そうした価値観を否定はしないが、そういう価値観を持ちたいとは思わなかった。

しかし、そこそこの生活をしていたのに、急激に貧しい生活に突入して大丈夫なのか。いちど上げた生活水準は下げられないとよく言われるが、それは本当なのか。私自身は自業自得だから諦めもつくが、巻き添えをくう家内と息子は大丈夫だろうか。

結論から言うと、実はよく分からないのである。

家内などは「このご時世に一三〇〇万の収入を捨てて、田舎にやってくるなんて信じられない。私は騙されたわ」と今でも本気で憤っている。時給七〇〇円の農業パートやらフリーライターの仕事で、何とか食いつないでいる私の有様に、ほとんど怒りとも侮蔑ともつかない眼差しを投げかけてくる。

特に、「家計の足しに」とはじめたヨーガ教室に、夜出かける時など、「なんで、こんなことしなくちゃならないのよ」と文句タラタラである。家内は一〇年以上もヨーガの稽古を積み、指導者の資格を持っているが、「東京にいたら、絶対にやらなかった」というのは本音だろう。

家計の規模が五分の一に縮小し、マックもビデオ屋もない町に暮らすことになって、果たしてわが家は貧しくなったのだろうか。むろん、貧しくなった。息子なども無駄遣いを慎むようになり、雑誌や本を買うのにも吟味に吟味を重ねるし、Tシャツ一枚だってデザインよりは値段優先である。家内だって私だって、事情は同じである。毎晩のように四万円も五万円も飲んでいた昔がウソのようである。

しかし、それが惨めかと言われれば、そうでもない。暮らしのなかでさまざまな「豊かさ」を感じられるからだ。

## 自然の幸に恵まれる幸せ

まず、何といっても食べ物だろう。山の中だから、山菜やキノコに恵まれているのは当たり前だ。

引っ越してきた年などは、タケノコの当たり年で、ご近所からも道行く人からも次々と取れたてというか掘りたてを頂戴し、前処理のために煮るのが間に合わないほどだった。

慣れてきたら、自分たちで山に入って掘り起こしたりもした。頂き物を五八本までは数えたが、後は止めた。結局一〇〇本は超えただろう。地元の人が「三日もすんと、味ちがうから」と話すように、新鮮なタケノコの美味しさは格別である。アク抜きしなくても、ほとんど苦味がなく、さっぱりとした甘味が口の中に広がる。

ある時期、わが家では、ありとあらゆる料理にタケノコが入った。あっさりと若竹煮にする。皮ごと焼いて醤油をかける。豚肉とピリから炒めにする。ピーマンや豚肉とチンジャオロースにする。なぜか、タケノコは豚肉とよく合う。お煮しめや春巻の具にも多用する。コンニャクとだけ煮合わせたりもした。お味噌汁にも入れる、卵スープにも入れる。カレーにまで入れた。しまいにはタケノコドリアなるものまで出現した。

ある日、息子がタケノコづくしの夕食を見て、「勘弁してくれ。今日は給食でもタケノコだったんだー」と叫んでいた。

山の幸は、フキノトウ、タラノメ、コシアブラ、ゼンマイ、ワラビ、チタケ、マツタケ、フキなど次から次に現れてくる。

感心したのは、時季折り折りの新鮮な山菜が食べられるということよりも、まわり近所の人たちが当たり前のこととして、そうした山の幸を日常の食材にしていることだ。道端に生えている菜の花やカラシ菜を晩飯のおかずに摘み、栗の季節になれば栗ご飯を炊き、庭の梅の木の実で梅干を漬ける。

どの家でもだいたい畑や田んぼを持っていて、コメや野菜は自給している。わが家でも庭に二

○坪ほどの畑を起こして、大根、ニンジン、ジャガイモ、白菜、キュウリ、長ネギ、ナス、小松菜、ほうれん草、ニンニクなどを作っている。まだまだ失敗作が多いが、とにかくご近所からの貰い物が多いから、季節の野菜には事欠かない。知らないうちに、玄関先にジャガイモやら白菜が山積みにされていたりもする。親しくなると、気軽に「大根、いるけ」などと声をかけられたりもする。

厚意に甘えてばかりではいけないと、家内は手製のチーズケーキやチョコレートケーキを焼いて、お礼に配って歩くようになった。そうすると、そのお礼にまた野菜やらイノシシの肉が届いたりする。まさに物々交換の世界である。

田舎に住んでみて、真冬にキュウリを食べたり、真夏に白菜を食べることが贅沢なのではなく、季節季節のものを新鮮なうちに食べることが本当の贅沢であることに気が付いた。何といっても、おいしさが違うからだ。

地元の人たちは何とも思っていないようだが、これほど新鮮な山の幸や野菜に恵まれることは、都会ではなかなか得られない贅沢ではなかろうか。

## スローダウンした暮らしの利点

目に見えない豊かさに、「時間」がある。

良くも悪しくも、田舎の人はのんびりしている。いつだったか、わが家の水回りの工事をしてくれた設備屋さんが点検に来てくれたことがあった。「今日は忙しんだわ」とボヤきながらも、一時間ほどお茶を飲んで世間話をしていった。忙しくなければ、二時間くらいは話していたかもしれない。なにもこれは特別なことではない。すべてが、こんな調子なのだ。

焦って何かをせかせかするということがない。農繁期の忙しい作業中でも、一〇時と三時のお茶は欠かさない。まして、食事を抜いて仕事を続けることはない。

東京での編集者稼業が長かった私は、このペースに慣れるまでしばらくかかった。なにせ雑誌の編集者という仕事は、時間が極めて不規則な上に、締め切り時期になると猛烈に忙しい。食事はおろか睡眠の時間さえままならないのが習い性になっていた。

著者や取材相手と一杯やることも多く、帰宅時間は午前三時、四時が当たり前。会社には昼前にようやっと顔を出すというような生活だった。土日祭日も必要に応じて仕事に出た。いちど残業時間を計算してみたら、月に一〇〇時間を超えていた。以後は馬鹿らしくなって、数えるのを止めてしまった。

当然、わが家は母子家庭の様相を呈していた。子供が朝起きると、お父さんは寝ている。子供が寝付く頃には、お父さんはいない。息子が小さい頃には、帰宅して顔を合わせると泣かれたりしたこともあった。

すっかり母子家庭慣れしたわが家では、週のうち三、四回は、ご近所の家族を招いて一緒に夕食をとっていた。たまに間違って早く帰宅すると、奥様が二、三人、子供が七、八人いたりする。無いのは、私の夕食だけである。そういう生活だった。

東京での生活が「スポーツカー」ならば、馬頭町での暮らしは「自転車」である。その分、ゆっくりと周りを眺めることもできるようになったし、家族と過ごす時間も増えた。もっとも、三度三度の食事を作らなければならなくなった家内はゲンナリしている。しかし、結婚して以来、これほど家族と一緒に食事をしたことはなかった。子供が中学生のうちに間に合って良かったという気がしている。

## のんびりと本が読める幸せも

実は、日常生活がスローダウンしたことと、マスコミの仕事から遠ざかったことで、私は大変な楽しみを手に入れることができた。それは、昔読んだ好きな本を読み返すという楽しみである。

東京の書店には次から次へと新しい雑誌や本が並べられる。編集という仕事柄もあって、私も目新しい雑誌や話題になった本には目を通すようにしていた。合わせれば、月に五、六〇冊は手にとって、斜め読み、拾い読み、場合によってはページをめくるだけといった行為を繰り返していた。かつて読んだ本を読み返す暇があるならば新しい本を読まなくては、という強迫観念さえ持っていた。時間に追われながら本を読んでいた、と言っていい。

ところが、馬頭町で暮らしていると、全くそういう気持ちにならないのだ。少しではあるが、原稿執筆や編集の仕事も続けているので、あんまり時代遅れになるのもどうかとは思うが、何もあくせくして新しい雑誌や本に飛びつかなくてもいいじゃないか、とつい考えてしまう。飛びつきたくても、馬頭町にある小さな本屋では如何ともし難いという現実もある。古巣の『プレジデント』さえ置いてないのだ。

時どき窓の外の緑に目をやりながら、のんびりと藤沢周平の小説や沢木耕太郎の初期のノンフィクションを読んでいると、とても贅沢な気分になる。こんなことを書くと「樺島もついにヤキが回ったか」と言われそうではあるが。

「食べ物」「時間」と田舎の豊かさに触れてきたが、つまるところ最大の豊かさは「自然」である。あまりにありきたりなのだが、地元の人たちはその自然の豊かさをあまり感じていないらしい。生まれた時から当たり前にあるのだから、その有り難さに麻痺しているのかもしれない。

「なんで、こんな山の中に来たの。俺なんか嫌で嫌で、都会に出て行ったんだから」

こういうことは、しょっちゅう言われる。

「なんで？　こんな星空より、ディズニーランドの花火の方がいいでしょうに」

東京で住んでいた団地の一三階の部屋からは、ディズニーランドの花火が見えた。自転車でわずか一五分の距離だった。息子が今、通っている中学より近い。

そんない い場所を離れて、わざわざ田舎に住むというのは解せない話なのだ。ここの人たちにとって、ディズニーランドは憧れの場所である。小学校の修学旅行も、高校の卒業旅行も、自治会やPTAの旅行も、行く先はディズニーランドなのだ。

確かに、ディズニーランドも悪くない。しかし、ディズニーランドが与えてくれるのは、趣向を凝らした楽しさである。馬頭の自然が与えてくれるような気持ち良さとは違う。その気持ち良さを感じるのは、次のような時である。

例えば、秋の日の夕暮れ近く。

愛犬のロッキーを連れて、散歩に出ると、道端でススキが揺れている。山の緑は心なしか色褪せて見えるが、空の青さは冴えわたってくる。雲のない日などは、どこまでも遠く高い空が続いているようだ。赤トンボの群れが、西に傾き赤味を増した陽の光に照らされて、羽がキラキラと光るさまに、しばらく声もなく見とれてしまう。空に宝石を撒き散らしたような光景だ。ふと気が付くと、ロッキーもボーっと見とれている。

また、雪の降った翌日の山もいい。

木立ちの枝に残った雪が、陽に照らされてキラキラと光っている。とりわけ、背後から明るい陽差しを浴びて、逆光気味に輪郭を現した木立ちの美しさは、思わず息を呑むほどだ。真っ青な空をバックに、暗く沈んだ木々の輪郭と、残された雪が白金のように光っている。風が吹いて雪が舞うと、空中に銀片をばら蒔いたように、キラキラと輝く。

もっともっとシンプルに……

こうした自然の風景に癒され、季節の食べ物を口にし、ゆったりとした時間を過ごしていると、自然とともに生きていることを実感できる。

田舎で暮らしてみて、生計を立てることの難しさも十分感じてはいるが、気持ちがより自然へ向かってゆくことを止められない。少しでも、自給自足の暮らしに近づきたいと思うし、水・ガス・電気を「買わないで」生活することはできないだろうかとも夢見ている。水は水道ではなく、沢水を引くか、井戸を掘る。風呂や台所もガスではなく薪《まき》を使う。暖房も薪ストーブだ。電力は必要最低限だけ風力発電かソーラー発電でまかなう。この山の中でなら可能な気がする。

たぶん夜になったらサッサと寝て、夜明けとともに起きる生活をしなければならないだろう。それでも結構気持ちのいい生活に違いない。

家内や息子にチラッと話したら「あなた、いい加減にしてよ。私はもう付き合わないわよ」、「オヤジ、そういうのは宝くじに当たってから言ってよ」と怒られた。だが、先々の夢としては悪くないはずだ。

もしかしたら、こんなことを夢想できることが、田舎暮らしの最大の贅沢なのかもしれない。

●かばしま・ひろふみ　一九五六年札幌市生まれ。東京農工大学農学部卒業。業界紙記者、週刊誌記者を経て、プレジデント社に入社。雑誌『プレジデント』編集長や出版部長などを務める。二〇〇二年三月に退職して、家族三人で栃木県馬頭町に移住。著書に『会社を辞めて田舎へＧＯ！』『馬頭のカバちゃん　田舎暮らし奮闘記』などがある。

モノに惑わされずに生きる

# 自然体の「荒凡夫」という豊かさ

俳人◎金子兜太



## 消費過剰社会という不幸

――金子さんはご自身を「荒凡夫《あらぼんぷ》」だとおっしゃいますね。

「荒凡夫」は小林一茶が晩年に使っていた言葉で、ひとことで言うなら、自由に生きている平凡な男ということです。私も平凡で、しかも何よりも自由でありたいと願っていて、そのうえで他人様に迷惑をかけず、気ままに気楽に生きたい。そうやって生きてきたつもりですし、これからもそうありたい。それが幸せということになるのでしょうから、私にとって「荒凡夫」は都合がいい言葉なのです。

自分を自由で平凡な男なのだと割り切れば、怖いものなどなくなります。自分と他人様を見比べて、背伸びしたり、卑屈になったりすることもありませんからね。

自由であるということは、自分の本能も解放するわけですが、人間にはやっかいな本能もあって、ときに他人様に迷惑をかけたりもしてしまう。なかでも権力欲などはその最たるものでしょう。それと物欲。こうした本能は、自らの意志で制限し抑制しなくてはいけないものだと思います。

――しかし物があふれていてなお、人は「もっと、もっと」と物への飢餓感を募らせているように感じますが。

たしかに消費過剰社会だからね、むずかしいところでしょう。とくに若い人にはね。物がほどほどなら幸福だったけど、ありあまるようになると、不幸になってしまったという皮肉な事態が出現したのが、いまという時代なのでしょう。

そこで今年、暦年齢で九十二歳になる男として言わせてもらうと、パソコンなどに代表される、いわゆるデジタル機器というものが本当にわずらわしい。一所懸命順応しようとして頑張っている年寄りもいますが、私にとってはわずらわしいものでしかなくて、コンピュータもワープロも使わないし、携帯電話も持たない。インターネットともまったく無縁な生活をしています。それがかえって気軽さ、身軽さをもたらしてくれる。

ちなみに私が目にする、わずらわしいものの代表は電子辞書ですね。カルチャーセンターで俳句を教えているので、ほとんどの生徒さんが持参してくる。講義の中で、私が話した言葉で、わからない言葉にでくわすと、チャチャチャッといっせいに調べたりする。なかにはその辞書を武器に「先生の言うことはまちがってますよ」なんてことをのたまう奴がいる（笑）。仕方ないから「そりゃあ辞書ではそう書いてあるかもしれないけど、この句の中のこの言葉は、もっと感覚的に受け取らなくてはいけない。そうすれば派生的な意味が出てくる。むしろ派生的な意味こそ、いま大事なんだ」と気色ばむのです。

こちらは日本語の講義をしているのではなく、辞書からはみ出すことを扱っているわけです。辞書に縛られては、俳句など成り立ちません。必要なときは「ちょっと調べてくれ」と言いますが、私の講義では電子辞書はタブー、原則禁止です。「失礼ながら俺の前ではチャチャチャチャをやめてくれ」と。電子辞書なんて言うのが面倒だから「チャチャチャチャ」と称しているんです、私は。

私自身は『広辞苑』を使っていますが、「チャチャチャチャ」より速い。複雑な操作はいらないし、慣れればなんということもない。歳を取っているから、そんなことを言うんだという人もいるでしょうが、機械にこだわらず頼らない生活は気軽で身軽なものです。ちょっとシャレて超越していると言いたいところですが、そこまではいかない。

しかし正直に告白するとね、つい数年前まで、デジタル機器というものに順応できない自分に、ちょっと引け目を感じていたんだ。順応するということはきわめてテクニカルなことだから、あんまり内面性とは関係ないことだとは思っていましたが、みじめな気分もありましたよ。

――それをつきぬけられたわけですか。何かきっかけが？

おのずからです。自分はアクティブに、いつも自由でありたいと思っている、そういう気持ちが底流にあるから、新しい機械などには縛られんぞ、と。

――見た目もですが、精神も若々しいですね。

先ほど暦年齢と言いましたが、私の肉体年齢はまだ八十前です。診てくれている医者も「あんたの体は七十代後半だ」と言っています。暦年齢だと私は九十二歳ですが、この数字にこだわってはいけない。だいたい暦なんていうものは虚です。春夏秋冬なんて虚なんですよ。万葉人などは、それほど春夏秋冬にこだわっていません。こだわり始めるのは平安時代からです。

虚にすぎない暦年齢に振り回されず、では何にしたがったらいいのかと言えば肉体年齢。それが実年齢なんです。九十二は虚、八十が実――そう自分で決めている。九十二歳を基準にせず、八十歳という実年齢にしたがって、体調を整える体操をしたりスケジュールを組んだりしているわけです。八十歳ならここまでできるはずだ、と。

女性なら暦年齢に七掛けするとちょうど実年齢になります。たとえば七十歳なら四十九歳が実年齢だと思いなさいと言ってます。実際、七十歳の女性がつくった句は四十九歳の女性の句だと思えるんです。現代人にはそういう若さがあるのですよ、健康体なら。男性は女性よりちょっと命が短いから遠慮して八掛け。七十歳なら五十六歳、八十歳なら六十四歳。

至極日常的なことですが、遅刻するということにもそんなにこだわらない。人に迷惑をかけないように生きるということと矛盾するのですが、これは相手の了解を得るということで矛盾は解消します。そういうときこそ暦年齢を前面に出して、「私は九十二だから、電車に乗り遅れそうになっても走らないようにしていますから遅れました。ご容赦ください」と（笑）。そのかわり二十分遅れたら、終わりを二十分延ばす。そうした補い方をするのです。しかし鬼の形相で私を待っている人もいて、なかなかうまくいかない（笑）。

## 高度経済成長期に感じた恐れ

――自由になると選択肢も増えます。すると暮らしを必要以上に広げたり、過剰な消費に走ってしまうこともあるかと思いますが。

少し前、若い女性のファッションへの消費をテーマにしたＮＨＫの番組がありましたが、登場していた女の子たちを見て感じたのは、服とか靴とかバッグにしか関心が持てないんだね。ほかの関心事がない、そうとしか言いようがないんだ。マーケットによって、目先を変えられるたびにキャーキャー言って買いに走っているわけですね。こんな靴が出た、あんな服が出たといっては騒いでいる。知的レベルの問題もあるけど（笑）、常に物欲が刺激されるような仕組みになっているわけです。しかし消費の欲望を喚起するために次々と商品を提供するマーケット側に問題があるんだ、自制をすべきだと言ったって、それは資本主義だからできない相談です。だから何か別のもの、むずかしいけど、彼女たちが親しめる精神的なものがないもんかとは思うのですが。

――その欲望は、本当に自分の欲望なのかという問題もありますね。

マーケットを形成している連中に踊らされているのが、現状だからね。だから消費過剰社会になってしまう。ではその社会を変えることができるのかというと、それはむずかしい。

――自由度を増しながら、かつ氾濫する物や情報に惑わされないのは、やはり理性、意志の問題ですか。

やや逃げ口上的になるけど、物や情報に惑わされないということについては、私の個人的な資質、体験によるものが大きいかもしれません。私が生まれたころの秩父（埼玉県）は、現在と比べれば貧しかったですね。うちなどはオヤジが医者だったからまだしもですが、それでも現金収入はおぼつかなかったし、オフクロは苦労していました。食べ物も土地のものしか口にしないし、着る物にしてもありあわせです。貧困をいかに克服するのか？　それが青年期の私のテーマでしたから。しかしいまとなっては、いい意味での貧しい生活が習慣化されたという面もありますね。

それと何と言っても戦争体験です。私が従軍したのは南方前線のトラック島で、四万人いた日本人の三分の一が爆撃や飢餓で死にました。目の前で人がバタバタと死んでいくわけですから、生き残った人間が物や食べ物に目の色変えるわけにはいかない。

それに、あまりいろんなことに興味が湧かないのは、自分が育ってきた文化とはちがうものに、本能的に目が向かないということもあるでしょう。たとえばテレビでも雑誌でも、あそこの店はおいしいとか盛んにやっていますが、興味がない。フランス料理店は腹立てるでしょうが、あんなにいろいろと手を加えコテコテした料理はうまいと思わない。土の恵みをシンプルに味付けしたもののほうが、はるかにうまいのです。

いま土と申し上げたが、人間にとって土は大事ですよ。全国的に都会化が進行したから、各人にとっての土が失われてきている。ということはそれぞれの背景にある文化と呼ぶべきものが失われつつあるということなんです。過剰な消費に走らないためには、欲求を満たす別なものがあればいいのであって、それが土に立つ文化、そこにある精神性、そんなものに馴染むことで内面が満たされることが、いちばんいいと思いますけど、しかし拠って立つ土を失ってしまったからね。

秩父での原体験や戦争体験の影響が大きい私の話は、ほかの人にとって基準にはならないでしょう。それでもこんなことをしゃべるのは、多少歳を取った者としての責任からですが、自然体で言うなら、ブラブラと題材を求め俳句をやっていると、それほど欲しいものはなくなってくるよ、くらいのことしか言えない（笑）。

——俳句を詠むためには、しばしば立ち止まってものを見たり、おのれを振り返ったりするわけですからね。

消費に便乗する生活じゃなくて、自分が生産する生活、表現する生活、それは小さな世界でいいから、積極的に自分を満たせる世界を持つといい。たとえば山歩き、それだけでいいのです。消費社会とは別のところにある内面的なものを楽しむのがいいのであって、俳句もそのひとつでしょう。内面を満たす場、提供する社会、そういうことが、いま問われているのだと思います。

——そういうものを金子さんは、サラリーマン時代のかたわら、自分でつくってこられた。

ほかにやることがなかったから（笑）。出世とは無縁だったし、俳句で生きるしかないと腹固めたからね。ほかにやることがないというのはいいことかもしれませんよ。

ただひとつ妙な体験があります。六〇年安保後の高度経済成長期、女性を家庭労働から解放する家電製品が登場して三種の神器と言われた。自家用車などという物も出てきました。そんな物を見ていたら、物に対する恐怖というものが私の中に生じたのです。

それまでの私は、貧困からの解放こそ社会の至上命題だと思っていたし、思いつめていました。戦争で実際に人がバタバタと死んでいくのを見るまで、戦争は貧乏を解消するものだとすら思って肯定していましたから。便利な物が津々浦々にゆきわたることを渇望していたから、高度経済成長は、まさに貧乏を解消する時代だと思ったのです。ところが、いざ直面し、渦中に入ると、こんなに物がふんだんに与えられるようになると、人間どうなってしまうのかと怖くなってしまった。貧しさを克服するためにも物は必要だ、物がなければダメだと思っていた人間が、いざそれがあふれだす状態を目にしたとき怖くなったという体験。その実感を大切にしようと思いましたね。

## 腹を固めて生きる

ちょうど同じ時期ですが、俳句界では古典帰りが起こりました。有季定型・客観写生こそが俳句であって、無季を容認する前衛派は俳句ではないと批判され、ジャーナリズムから締め出された。ついでに言うと、古典帰りという風潮は厳密には虚子帰りです。虚子が提唱した有季定型・客観写生は、俳句の普及をめざした虚子の優れた方便なのですが、それを金科玉条にしてしまったのが、当時の風潮でした。

しかし、そう言われてみれば、たしかに古典を知らないし、また批判を受ける中で自分はどうあるべきなのかを考えながら、古典を勉強しつづけました。そして視野に入ってきたのが一茶なんです。あるいは山頭火などの〝漂泊〟というものです。物のない心だけの世界、人間の根本の心性は漂泊——人間の基本はこれだと思いあたったわけです。その心性を持って定住しているのが人間のありかただろうし、自分もその一人として、定住のありかたを探ろう、それをしないと生きる希望がなくなると思い立ったのです。

——漂泊は旅空ですね。おのずと物を持たず、シンプルになります。

山頭火などはもっとも徹底した漂泊でしょう。私はあれこそ放浪だと思っています。しかしあそこまでいくと、そんなに楽しくも愉快でもない。むしろ苦しみが目立ちます。放浪状態の自由は苦しいんです。定住して、内面で漂泊心をかみしめる。この状態が自然体の自由なのです。山頭火はいつも何かを求め、でもいつも満たされない。定住していれば求めたものは得たかもしれない、放浪は本当の自由ではない、そういうことに気づいて定住漂泊という言葉で表現したのです。

ただそれは俳人としての私個人の腹固めであって、他人様の基準にはならんものです。「わが生き方を見よ」みたいな大それたことは言えない。そもそも「心を見ろ」「内面を見ろ」と言うと抹香臭くなるんですよ。仏教とかキリスト教といった宗教的境地、少なくとも道学者めきますね。それがすごく嫌なんだ。もっとフリーで、気楽で、多少は他人様に迷惑をかけて、反省を繰り返す。これが人の本来の心のありかただと思います。

「内面を問い返せ」とか「心に問うてみよ」という道学者的態度はあぶない。若い人は、そんな話は嫌でたまらんでしょう。そんなことより服や靴やバッグのほうがいいよとなってしまう。

しかし内面を語る人には「この人を見よ」的な物言いをする人が多い。あるモデルなり価値観を押し付けようとして、自分の正直な告白でなく『愚管抄』がどうだとか『歎異抄』がどうだとか、すぐ言い出す（笑）。偉大な先達の書物を引っ張り出して解釈し、自分の解釈がいちばん正しいとか、自分がいちばん近づいたみたいに。ああいう態度は自由を阻害します。内面探求者の義務は宗教や道学から離れることだと思いますね。もっと自然体で、庶民的で、日常的な物言いでないといけない。安倍晋三さんが気取った顔して「美しい日本」なんて言うけど、あれは道学者めいてダメですよ。道学者めいたお説教が繰り返されれば、若者は反発するし、その結果、ますます過剰消費に走ってしまう。そして内面は荒れていく一方です。

勝ち組とか言われて、くだらないものを市場に持ち出して、ガキをだまくらかして儲けているけしからん連中にも問題はあるけど、一方、それを嬉々として享受している若い人たちに抵抗力をつけさせられない側にも反省すべき点はあるのです。

——そのためにも、金子さんの言葉を借りれば、いい歳をした大人は腹固めるしかないですね。

「凡夫」と割り切れば、過剰消費社会とも氾濫する物との距離もつかめる。

そう、世の中との距離感とか、物との付き合い方とかで、腹固めることは大事です。腹固めれば、新しい物や情報が氾濫しようが、しょせん自分は自分でしかないという立場に身を置けるから、そうブレたりはしない。ただ固めるまでがたいへんでね。私には戦争体験があったからできたんでしょう。境遇にもよるし、そのときの条件もある。ただ「荒凡夫」には、いろんなことをうらやましいと思う心情はないですね。気楽で気軽で身軽がいちばんです。（構成・編集部）

●かねこ・とうた　一九一九年埼玉県生まれ。東京帝国大学経済学部卒業後、日本銀行に入行するが応召出征。第一句集『少年』で現代俳句協会賞受賞。六二年同人誌『海程』創刊、後に主宰。八三年、現代俳句協会会長（現在名誉会長）。八六年から朝日俳壇選者。八八年紫綬褒章受章。九七年ＮＨＫ放送文化賞受賞。二〇〇三年日本芸術院賞受賞。〇五年日本芸術院会員。著書に『老いを楽しむ俳句人生』『金子兜太の俳句塾』など。句集に『蜿蜿』『皆之』『両神』『東国抄』のほか『金子兜太集』四巻がある。

# 第四章

# 小さな暮らしを考える

人生と社会を再設計できないか

# 小さな暮らしで大きな「自由」を

社会心理学者・東海大学名誉教授◎犬田　充

## 高度消費社会の現実

今のご時世は「暮らしやすい」けど、ともかく「生きにくい」。そんなヘンな時代に日本人は生きている。汚れきった空の下で、なおも都市で暮らすメリットがある。いくばくかのオカネを払えばの話だが、都市ではたいていの物やサービスはいながらにすぐに手に入る。便利このうえない状況がある。そして刺激に満ちた文化環境がある。

若者がフリーター覚悟で大都市に集まり、高齢者の都市回帰現象が終わらない理由に、これらがなっている。都市ではたしかに不安や孤独に耐えなければならないし、生活が「大きく」なりすぎてカネばかりかかる。だが結局はマチのほうが「暮らしやすい」のである。

しかしマチでもムラでも、そして若年者と高齢者にとって、こんなに「生きにくい」時代もない。雇用や会社の未来は約束されていない、年金もあてにならない。さらには「何のために」生きているかを気にしだすと、果てしない疑問の海に溺れるだけである。

つまり「暮らし」は豊かだが、ココロは満たされず、ビンボーだったが「生きていてよかった」というむかしの感覚を持てずにただ生きている。これが世界でも有数の「高度」消費社会となった3・11までの日本のいつわらざる現実である。高度消費社会に生きることが個人の自由裁量を超える重荷になっている。「もっと自由を」と叫びたいのを誰もがじっと我慢している。

## 欲望社会の裏に

かえりみると日本の戦後六十年におよぶ永い時間は、消費の欲望の拡張をめぐる紆余曲折した生々しい物語で紡がれてきた。戦争から平和へと状況は大逆転し、高度成長期を経て、生活水準は今では想像の外にある貧困レベルから飽食の状況へと一転した。日本の消費社会の展開は、欲望インフレーション、そして欲望の自由化、欲望の快楽化という三段階を経て現在に至っている。

その間に、戦後日本人の価値観と行動は大きく、急速に転換した。とりわけ欲望を果てしなく拡張し、その欲望を皆で平等に満たす（満たしあう）ことで、個人も社会も幸福になるという

「信念」が肥大した。欲望という山の彼方に幸いがあるという「作り話」を共同幻想にし続けてきたのである。

われわれはこの半世紀を国家のためにでなく家族と「私」を豊かにするために働いてきた。会社の繁栄に向けて努力し、人生の永い時間の大半をそのために費やしてきた。政府も企業もさまざまな政策、仕掛けをして、人々の「勤勉」を奨励した。労働者も政府・企業の「柔らかな強制」に同調してきた。

だが半世紀を経た今、残されたのはいいことずくめではなかったことに、かなり多くの人が気づいている。

「豊かだけど満たされていない」という日常。「大きくなった」暮らしにビンボーなココロがついている。働けばそれだけ幸福になる、欲望を拡張して「大きな生活」にするのはいいことだというのは、どうやら錯覚だったのではないかと疑いはじめている。欲望社会の裏に隠れた暗いはなしが次々と表ざたになっている。

破綻寸前の国家財政、都市集中化と並行して地方の衰微がはなはだしい。穏やかな里山は消えて国土の荒廃が進行している。少子・高齢化、マルキン・マルビの流行語に始まる階層化の進行、平等社会がくずれて格差社会に移行している。「相対的喪失感」から逃れられない多くの中間層の不安心理。企業間格差、大学間格差の増大。国も企業も家計も、破綻寸前——などなど。こうしたマダラ模様の社会をどうしたらよいか。新しい「国のかたち」が必要という右寄りの言説が花盛りになっている。

## 「人権」となった「消費」

さて戦後われわれは今の消費社会を予期して新たな状況へすんなりと移行していったのではない。こんな調査データがある。

戦争が終わったとき多くの人々が感じていたのは「後悔・悲嘆・残念」であった。三〇％の人々がそう感じていた。また四三％の人々が「空襲の停止」に安堵していた。将来の日本をどのようにするか、ほとんどの人は考えもしなかった。「アメリカのようにする」と答えた人はわずか五％にすぎなかった。

つまり今のようなアメリカ型の消費社会の到来を、戦争が終わったとき、ほとんど誰も予想していなかったし、期待もしていなかったのである。

今考えれば終戦直後の混乱した日本には、今のような欲望消費社会になる以外に多くの選択の可能性があった。事実、若い人にはほとんど信じがたいであろうが、社会主義社会という選択の可能性すら当時はあった。未来がどうなるかは全くわからないものである。

しかしいくつかの曲折を経て、日本人が選択したのは、現にわれわれが経験している消費社会への途であった。個人のレベルでは「大きな生活」、つまり財・サービス、エネルギーを大量に消費し、「もっともっと」欲望を肥大化するのをよしとする方向であった。この方向で企業や政府の「選択と集中」も進むことになる。

昔の「小さな生活」の土台は「勤倹貯蓄」であった。明治以来の「富国強兵」を永らく強いられてきた戦前・戦中までの昔の人の価値観からすれば、消費ははしたないことであった。少くともそれは人生の目標とするに足るほどのものではなかった。

ところが「消費の楽しみ」は、戦後になってにわかに庶民の誰もが等し並みに獲得すべき「人権」の一部になった。これは永きにわたって上からの権力に抑圧されてきた日本人の心理的反動でもあり、消費の楽しみは戦後になって突然「与えられた」自由と相性のよい心理的解放という感覚を伴っていた。

ということで、戦後すぐ、欲望の解放、欲望のインフレが始まる。それに追随して生産の次元では消費財・サービスの工業化が進みはじめる。財・サービスが潤沢に市場に提供されるようになる。その中で次第に生活水準のいっそうの上昇、余暇を楽しみたいと望む大衆が萌え出る。自由に消費と余暇を楽しみたいという動機が強化される。とくに地方から都市へ移住した多くの労働者、そして社会意識に目覚めた女性たちの消費での行動が目立つことになる。彼らが中流階層（新中間層）の中枢となって日本の消費社会を支えていくことになる。

## 自由と束縛がからみあう

こうして中流階層（新中間層）が高度経済成長の過程で形成され、彼らの新しい意識と生活様式が次第に社会全体で承認、さらには称揚されはじめるようになる。マイホーム主義である。彼らには欲望の表出の自由化、より正確にいえば、選択の自由が奨励される。「自分なり」の「自分らしい」生活様式を選択する自由が権利として追求されはじめる。こうして欲望インフレのあとに自由化のフェイズが始まる。

それはさらに発展していく。個性的な生き方を積極的に肯定する価値観が、社会全体に浸透しはじめる。

新中間層とか、彼らの内向きのマイホーム主義とやらは、最初の頃はむしろ軽薄な、嘲りの対象であったが、次第にそれは姿をひそめる。個性的な「自分なり」の「自分らしい」生き方の追求は、望ましい「標準価値」となっていった。彼らは古い帰属集団のくびきから自由になり、個人の欲望の充足をなによりも先行（選好）するような階層集団になる。

アメリカ型消費社会という新しい状況を受け入れて、「大きな生活」に個人として心理的に適応するまでには、こうしたいくつかのステップがあった。価値となった消費の「合理化」を試み、これに「選択と集中」した結果が今日の消費社会となるのである。

さてこの消費社会は欲望の自由な表出を表向きには打ち出すのだが、その裏側で束縛が微妙にからみあっている。これが消費社会の特質である。自由な欲望の充足と感じられることが、その裏で図らずも束縛になっているような高度・微妙な「管理」社会である。ここに消費社会での「自由」の意味がひそんでいる。自由でいて不自由な管理社会である。

消費社会が展開していく過程での電化製品・クルマの普及、そしてメディアの普及のもつ意味は大きかった。電化製品は女性の家庭内での苦労を大きく軽減し、時間的余裕を生み出し、女性解放と社会参加を促進した。これが個人の家計を大きくし、消費増大へとつながっていく。そしてクルマである。クルマの与えてくれる自由の感覚は大変なものである。いったんクルマを手にするともう捨てられない。

だがここにワナがある。より高性能なクルマ、電化製品が欲しくなる。毎年のようにモデルチェンジがある。つまりは変化は進歩であるという価値観を、メーカーやメディアは購入者に植えつける。それは確かに一部事実であるが、じつは錯覚でもあるから、厄介である。変化、ひいては革新はすべて進歩であると拡張され、それが一般化された価値観となる。自由にモノを選択したつもりが、じつはそれが束縛になっている。有名ブランド品というのは、やわらかな洗練された束縛の仕掛けに他ならない。

だが消費社会のワナはまだこれだけでは終わらない。「選択の自由」だけでは結局はその範囲内で他人と同じライフスタイルになってしまう。それが次第にウザッタイと感じる人が増えてくる。他人との「差異」、「違う」ことに敏感であり、差異を見せびらかし、それを価値とするような人々が現れてくる。財・サービスの実用性はあまり気にしない消費者が現れてくる。

それより個人としての感覚や美意識の満足のほうが重要になる。人の目を驚かす消費スタイルの誇示、それが彼らの「快楽」となる。他人と違うことを追求する階層である。彼らは効率を価値とする競争の結果としての勝ち組に多く、負け組と違う行動をする。この分断を当然とする雰囲気が社会全体にもひろがりはじめる。

「自分なり」ではなく「拡大した自己」への欲望が欲望される。今ではこうした「超」アメリカ風の「大きな」生活が日本でもめざされ、一部の階層のあたりまえの生活スタイルになってきている。

社会全体がイケイケドンドンとなって、それまでは手つかずだった領域、喜怒哀楽といった個人の感情の領域にまで、工業化と商業化の波がひろがりはじめる。新しい技術革新と管理技術の導入によって社会の生産力が格段に上昇し、それに伴って生活様式がさらに大きく快楽化へ向けて変わる。こうして消費社会のバロック化、快楽化のフェイズが自由化のフェイズのあとに進行しはじめる。

このフェイズでは消費（とりわけ消費の量）が人生の楽しみの尺度であり、幸福の度合いになる。消費の楽しみを阻む一切は排除されなければならない、さらに消費の楽しみを人並みに楽しめないのはどこかおかしいからだ、となる。

常識人にすればイヤミな社会である。そこでいったんは「清貧」の思想がよみがえり、消費社会の「品格」が云々されるのだが、そして今も清貧や品格の回復を求める声は社会の片隅には残っているものの、市場の効率と競争の賛美の大声の前には、こうした声はともすればかきけされやすい。

## 生活を「適正化」できないか

アメリカ型消費社会、そして「超」アメリカ風の「大きな」生活には問題がある。今後とくに問題なのは時間資源の枯渇と環境の制約である。この手の「大きな」生活には多くの資源エネルギーが必要であり、多消費になるほどじつは多大の時間が必要になることがとかく忘れられる。消費のためにいよいよ忙しく働き、生産性を追求しなければならなくなる。

たんに欲望を肥大させ、それを満たすためだけに、貴重な人生の大半を費やしてしまうのは情けない。

人生にはもっと多くのことがある。豊穣な人生、かけがえのない「いのちをいつくしむ」といった、生きてあることの真の楽しみは、消費社会が「高度化」するほどどこかにスッ飛んでしまう。これではせっかく人間として生まれた甲斐がない。これらが耐えられないほどになってきている。

消費ばかりが人生ではない。

新たな、自由で「小さな」生活への転換の必要が生じている。この新たな自由で「小さな」生活は、戦前の「小さな」生活とはしかし全く違う。昔を懐かしむのも結構だが、「自由」を欠いていた昔の「小さな」生活に今さら還ることはない。

いまだに相互監視の強い日本では、なかなか「自由」に振る舞うことができない。絶えず他人に気を配り、気兼ねをしながら不自由に耐えて生きていかなければならない。この社会では放っておかれる自由がない。それどころか放っておかれると不安になってくる人が多いのである。他人にオセッカイやチョッカイを出すのを躊躇しない人が人情家とされる。

このオセッカイ社会には、別の意味である種の温かさがあるのも確かである。いつも世間から見守られて、その中で「川の流れのように」生きるという幸福の感覚は多くの日本人のものである。

もっとも、自由な生き方がこの社会で全くできないわけではない。しかしそのためには「世間」というシステムからいったん離脱しなければならない。たとえばイラヌオセワを拒否するヤクザものとして、あるいは世捨て人、出家、あるいは浪人と呼ばれることに甘んじて生きることも選択の一つである。「反骨の人」として世間から距離をおくこともできる。昔の知識人、ジャーナリストにしばしばその例がみられる。

しかしこうした土着型自由人の生き方にはどこか「尾羽うち枯らした」イメージがつきまとう。組織人として大過なくすごしている大方の現代日本人はなかなか受け入れられない生き方であろう。

もっと別の、欲望の抑圧ではない優雅で自由な生き方はないものか。それがあるのだ。身近なところにモデルがある。ネコの生き方である。なにネコだって、バカにするなと言わないで欲しい。彼らは格別生き方など考えたこともないであろうが、ともかく自由に生きている。たまには仲間と喧嘩するが、彼らはじつに自由に生きている。欲望の過度の拡張で悩んでいるとも思われない。人間との付かず離れずの関係をちゃんと維持している。ネコに感謝してもらいたいという飼い主の願いはさりげなく無視される。それでもネコが嫌いになる人はいない。ネコと人は互いにオセッカイしあわない関係でうまくいっている。

豪華車キャデラックのばかばかしさは、それを持ってみて初めてわかると昔よく言ったものだ。今ならバイアグラの無力感である。

「大きな生活」のばかばかしさはまさにこれである。自由に生きることをめざして、そのために生活を適正化、つまり「小さく」することでいのちに「充足」が感じられるように、人生を、社会全体を再設計することが3・11を経験した今もとめられている。

●いぬた・みつる　一九三一年東京都生まれ。東京教育大学（筑波大学）理学部卒業。社会心理学者。東海大学経済学部教授を経て、同大学名誉教授。著書に『行動科学　源流・展開・論理・受容・終焉』『超消費社会　戦後50年のさまよう欲望と行動』『消費者行動のとらえ方』などがある。

〝ハレ〟も〝ケ〟もない日常の中で……

# 生きる喜びは暮らし方の再構築から

民俗学者◎倉石 忠彦

## 薄っぺらになった日常

低収入時代の到来などといわれていますが、社会の様相を見ると、貧しくなっているようには見えません。

たしかに陰惨な事件も多いし、何が起きるかわからないから、将来が見えないという不安感や閉塞感はあるのでしょうが、日々の暮らし、とくに若い人たちの様子を見ていると、貧しさという気分は見えない。

むしろ、もっとモノが欲しいという消費欲望が拡大していて、より物質的なものを求めているという気分を感じますね。ファッションなのでしょうが、金を出して穴の開いたジーンズを買う（笑）。モノ余りが、たどり着いた果てという感じがします。

ある年代から上の人たちは、貧しかった時代の経験がありますから、いまの豊かさ、ぜいたくさというものをある程度認識できるでしょうが、若い人にいまがいかに豊かであるかぜいたくであるかということを認識させることは非常にむずかしい。生活のリアリティがないから、豊かである、ぜいたくであるという実感もまるでない。しかし飢餓感はある。その飢餓感はモノでしか満足できないというように思っている。

そうした問題の根源は、結局、自己認識にあるんです。生きることとは何か？　生活とは何か？　そういうことの認識ですね。

生きるということは、命をつなぎとめることだけが目的ではありませんが、しかし命すらつなぎとめることができない飢餓とか貧困が世界にはあります。そういう危機感を、意識しないで生きていられることが、いかにぜいたくかということに気づかない。そういう自己認識は薄っぺらだし、その日常も薄っぺらなのです。しかし、こういった話になると道徳の授業みたいだし、お説教なんて若い人は聞かないからね（笑）。

## ハレとケの均質状態

民俗学にハレとケという概念があります。おおむねハレは非日常性、ケは日常性を指すのですが、いまの世の中で、そのハレとケを実際の生活の中でとらえようとすると、これも非常にむずかしい。ほとんど無理だろうと思います。

いわゆるハッピーマンデーという政策がありますが、あれは政府がハレとケの組み換えをやっているのです。かつては暦日の中に位置づけられていた祝いの日を、週の中に位置づけ、いうならば金を使う機会、遊ぶ機会を多くしようという組み換えです。そのことを、文化のうえでハレの機会がふえたと認識している人がどれだけいるでしょうか。

ハッピーマンデーによって、ハレが堕落したものもある。たとえば一月十五日の成人の日です。あの日はかつては小正月といって、暦日のうえで非常に大きなハレの機会だったのですが、結果として小正月の位置づけが軽くなってしまった。

そういう意味ではハレとケの再構築は政治レベルで行なわれている。しかしそうしたことを取り上げてみても、あらためてぜいたくとは何かを考えることはできないでしょう。もしハレの日を、非日常的な遊べる日であるというなら、かつてと比べればいまは毎日遊んでいるようなものです。したがって遊ぶということの重さが、かつてといまでは、まるでちがう。

もっといえば遊ぶということに価値を置くほど働いているのだろうか？　働くということがも

っていた充実感、達成感を味わっているのだろうか？　3Kなどといい、肉体労働を敬遠し、切り捨て、楽なことばかりの日常であれば、働く日と遊びの日の落差は小さい。

その意味で、ハレらしさ、ケらしさというものがなくなってきているのです。酒を飲んだり、遊んだりすることは、かつてぜいたくであり非日常だったのですが、その非日常性が薄れてしまった。

これは一般的にいわれていることですが、都市化の進展により、日本全国、文化的には都市でないところはなくなったといえます。むかしは働くところ、休むところ、遊ぶところは区別されていて、盛り場で遊んだのですが、しかしいまはあらゆるところが盛り場化している。

ムラの人はマチに行くことが非日常的な機会でした。しかし、もはやムラの中で生涯を終えるという人はほとんどいなくなって、日常的にマチに働きに行き、マチ的なものをムラに持ち帰っている。

つまり空間的にも時間的にも異なった、非日常性というものが少なくなっているのです。だから若い人たちはとくにそうですが、生活のメリハリがなく、生きているというリアリティがないし、日常と非日常の区別などほとんどつかない。

ハレとケの逆転ということがいわれたことがありますが、逆転ではなくて、区別がなくなり、均質的な状態になったのです。そうなるとメリハリといった生活のリズムもなくなり、結局、達成感を抱くこともなくなったのです。

むかしはハレに対する価値観は非常に大きいものでした。だからそれを求めるために、一所懸命働き、そして努力もした。その結果、いまの私たちの社会は、ハレを極限まで日常化してしまったわけです。ハレを無化してしまったともいえるでしょう。

そうした文化的状況、精神的状況の中で、ぜいたくとは何か、ぜいたくでないとは何かを考えるためにはどうすればいいのか。さらなるハレを求めるのか、あるいはハレを無化してしまった生活の中で、ハレをもう一度認識しなおすのか。

しかし認識しなおさないといけないというと、道徳を説くようなことになってしまうんですよ。それはぜいたくという問題を考えるうえであまり有効な方法ではない。

新たなハレをつくりだすことが、ぜいたくを考えるのに有効であるとは思われない。とすれば、現実生活の中で、非日常性をつくりだせば、ぜいたくであること、あるいはぜいたくでないことの認識は深まるのかもしれない。

旅というものがあります。旅は非日常的な機会の代表であった。しかし、いまは格安チケットでどこにでも行ける。ニューヨークに行くにしても数万円というチケットがある。違う生活圏、文化圏に行くということも、すでに日常化しているのです。私の娘などもニューヨークから草履ばきで帰ってきたりしますからね（笑）。

逆説的で、建設的ではありませんが、ご飯を食べない日を設けたり、八月十五日にスイトンを食べたりして、貧しさをハレ化するということもありかもしれません。うんと困ってみないと、ぜいたくということがわからないということになってしまったのです。

生活のリズム、メリハリが、自然なり大地なりというものと非常に密接にかかわり、人と自然との距離が近かった時代があります。しかし人工的なものや科学の発達が自然と人との距離を遠ざけ、自然の影響を排除していった。それが文明社会における人間の生き方になった。人間を、自然の一部分でないものにし、さらに神の領域とでもいうべき、生死というものまでも支配しようとしているのです。

自然や大地と密着していた、かつての文化の中にあったリズムの否定です。しかし人間社会は、ときに自然から反撃をくらう。それは、たとえば地震であったり、洪水であったり、猛暑だったり大寒波だったり、そういう自然の猛威が、私たちの生き方に反省を求め、見直させるという機会になったりします。

オイルショックが起きたとき、日本の文化を見直そうという機運が盛り上がりました。だから現実に年収百万円時代がきて、心底貧しさにあえぐようになれば、かつての生活がどれほど豊かだったか、ぜいたくだったかを知ることになるでしょう。

はからずも今年（二〇一一年）三月十一日には、地震による大津波によって東日本の太平洋岸一帯は甚大な被害を受け、それは放射能汚染という目に見えない災害も伴いました。被害地では自然環境も生活環境も壊滅し、さらにそれに伴う日常生活も全て失われてしまいました。放射能汚染の影響は、事故を起こした原発周辺地域の生活を破壊しただけではなく、産業や食生活関係など多方面にわたる被害を全国的に及ぼしました。多くの方々が日常生活の場であった〝郷土〟を失い、距離的にも心情的にも遠く離れた存在である〝故郷〟化してしまいました。当たり前に存在していたものこそが、本当に大切でぜいたくなものであったことを、改めて心に刻み付けることになったのです。

結局われわれの生活文化は、それを失ったときにはじめて顕在化し、認識される。そこで再評価がされるのです。不謹慎だけど、そういうことにでもならないと、ぜいたくの見直しはできないということです。

## 正月まで日常の中に

ぜいたくを考えるために、あるいは足るを知るために再構築すべきは、ハレとケではない。なぜなら、ハレとケはことばとしては存在していますが、生活実感としては消滅しているからです。

おそらく再構築すべきものは、生活のありかた、生活リズムなのだと思います。あるいは暮らし方の再構築なのだと思います。そのことによって自分たちの豊かさ、ぜいたくさを認識しなおしていく。

暮らし方にメリハリをつけることによって、ぜいたくを認識するということならできるかもしれません。個人個人が特別な日をつくるということでもいい。その日は、特別であるという認識をもてるような暮らし方をする。高い買い物をするとか、よりいいものを食べるとかということでなくて、カワリモノを食べてみるということでもいいかもしれません。

そうしたことでは年中行事はいい機会なのですが、現在では家の行事でなく、多くは商業ベースに乗せられた行事になってしまっている。かつてはウチで祝い、ウチでごちそをつくったわけですが、いまは買ってくるものになってしまった。

だいいち正月元旦から店があいているのだから、もっともハレ的であった正月も日常そのものです。そして正月のおせち料理をありがたく感じないのは、ふだんの食生活のほうが、ごちそう感があるからです。ゴマメなどは尾頭つきなんですよ。尾頭つきの魚は特別なものだったのです。私など、頭があるサンマは尻尾がない、尻尾があるサンマは頭がないと思っていた世代ですから（笑）。

旅、遊び、ごちそう――かつての非日常的だったものが、いまは非日常ではなくなった。

非日常の世界が豊かで、楽しくて、うれしいから、それを日常化してきた。それが極限化してきたのです。いや、まだまだ極限ではなく、もっと楽しようと工夫しているのかもしれない。そうしたいま、ふと立ち止まって、これでいいのかと考える時期ではあるでしょう。自分たちの生活のどこから、こんなにいろいろな歪みが生じてきたのか、と。

## 日常・非日常の検討が必要

地域共同体はなくなったかもしれませんが、しかし私たちは家や家族、会社、サークルなどという、いくつかの共同体に加わっています。飲み仲間などもそうかもしれません。

そこでは、それぞれ、別な集団の自分を持ち込むことは避けられていました。会社には家庭を持ち込まない、家庭には会社を持ち込まない、と。

ですから会社ではいくらがんばる男でも、家ではだらしない怠け者のオヤジになってしまうように、私たちはそれぞれの集団で表現する側面がちがうわけです。一人の人間が多重人格化するのです。

かつても、そういうことがなかったわけではないのですが、どこかで全体が統一される機会がありました。ムラの寄り合いに出れば、自分はどこどこの誰々だというように、家というものをベースに自分が統合され、全体として認められていた場面があった。しかし、都市生活では、どこへ行っても一〇〇パーセントこれが自分だと認識できる場がない。一人の人間の中で統合された自分というものの認識がしにくくなっているのです。そこでは達成感も希薄でしょう。ある側面に達成感はあっても、別な側面にないとすれば、一個の人間として達成感はもてないからです。もっとも自然からかけ離れた人工的な空間である都市では、一個の人間として生きにくく、日常と非日常の区別がつきにくい。もはや日常・非日常ということそのものが検討を要するのかもしれません。

劇場都市ということばがありますが、そこでは演じている自分がいたわけです。だけどいまは演じているなどというものではなくて、個人個人が、その場その場で、担っている、あるいは期待されている役割を果たさざるをえない。まさに本当の自分がわからなくなってくる。演じる意識も余裕もなく、日常と非日常の境目など消滅してしまっているのです。

だから暮らし方の再構築だけでなく、自分というものも再構築せざるをえない。根本から、どう生きるのかを考え直さないといけない、そういう時代なのではないかという気がします。

（構成・編集部）

●くらいし・ただひこ　一九三九年長野県生まれ。國學院大学文学部卒業。現在、國學院大学名誉教授。都市の風俗、伝承、ライフスタイルにひそむ基層文化をテーマに、民俗学＝現在学という視点で広汎な研究を展開している。『渋谷をくらす　渋谷民俗誌のこころみ』『道祖神信仰の形成と展開』『都市民俗論序説』『民俗都市の人びと』『年中行事と生活暦』など多数の著書がある。

# 大震災・原発禍後の「意識変化」はありうるのか
# 「これが最後のチャンス」のいま考える

「後端技術」研究家◎久島　弘

「日本は変わらなければならない」

二〇一一年秋の新学期、「福島県内でも、子供たちが線量計をつけて登校した」というニュースが流れました。切ない光景でしたが、それを見て申し訳なく感じたのは、私だけではなかったと思います。我々大人が不甲斐なかったばかりに、そんな物を持たせる結果になったのですから。ただ、そのニュースを伝えるキャスターのコメントが気になりました。「せめてお守りになればよいのですが」と、どこか呑気なのです。そりゃないだろ。私はカチンときました。

同情だけでは解決になりません。我々大人は加害者意識を持って、深い反省を込め、まず子供たちに謝るべきではないのか。そもそも線量計は、一定の期間後に回収して被曝量を調べる道具です。恐らく、安い機種にリアルタイムの警告機能はなく、「お守り」ですらありません。

原発事故の後、二、三の反原発集会に出かけ、それ以外の講演会を記録した動画サイトも覗きました。大半は長年にわたり反原発活動を続けてきた人たちです。でも、誰一人として「そら見たことか」とは言わず、「こういう形で注目されるのは心苦しい」「私どもの力が及ばず、こんなことになってしまい、本当に申し訳ない」と悔しさを滲ませました。三・一一以前の原発容認派だった過去は棚に上げ、臆面もなく政府や東電批判を口にするコメンテーターたちとは大違いです。

あの事故以降、「日本は変わらなければならない」という訴えを、テレビなどが盛んに繰り返しています。その主張は、単なる原発依存からの脱却に留まらず、ライフスタイル全般の変革を問うものまで多様です。「これが最後のチャンスではないか」と私も思います。間違いなく我々は崖っぷちに立っている。が、本当に変われるだろうか。

## テレビ報道の「恥ずかしくなる光景」

震災後初の新年は、例年になく静かなスタートに感じられました。近所の晴れ着姿にも、どこか控え目なところがありました。

けれど、その空気は、テレビの仕事始めのニュースで一変しました。彼らがトップに伝えた、大間マグロに五千何百万円だかをつけた築地の初競りです。さらには、その切り身が供されたチェーン寿司店まで追っかけ、順番待ちの長蛇の列と、有り難がって頬張る客の姿を映し出しました。

実体のない「一切れ一万数千円」の付加価値に踊るさまは、まさにバブル時代の再来です。こちらが恥ずかしくなる光景に、一社くらいは……、と探しましたが、毅然と背を向ける局は見つかりませんでした。

経済三団体だかの新年会も、年始の定番です。大企業トップに「今年を占う一語」を書かせ、景気の見通しを語らせるお遊びも、見事に横並びでした。スポンサーへのサービスなのでしょうが、伝えるべきニュースは他にたくさんあるだろうに、とボヤきたくなります。

報道の責務は、隠されている真実や不都合を、人々の前に暴き出すことに尽きます。余談になりますが、その点でも、聞き手と受け手の一騎打ちであるインタビューこそ、テレビ局の力量が問われる一番の見せ場に違いありません。もしも彼らに三・一一以降の意識変化があれば、タレント気取りのキャスター取材はともかく、真っ先にインタビュー番組に現れるはずだ。

そう期待して観察しているのですが、相も変わらぬお茶濁し仕事ばかりです。今回の原発事故の元凶とも言うべき元首相を引っ張り出しながら、年寄りの茶飲み話で済ませる情けなさ。とりわけ海外の要人や著名人が相手となると、揉み手で擦り寄り、予定調和的な答えを引き出すだけの、単なるご機嫌伺い一色です。昨年末の『クローズアップ現代』でペレス大統領に迫った国谷裕子氏の、聞き手の良心や見識、信念、思想までもが伝わってくるインタビューは、例外中の例外でした。

愚問は侮辱でもあります。かつて『ニュースステーション』に出演したアラファト議長が、インタビュアーに向けた、怒りとも軽蔑ともつかぬ眼差しは印象的でした。

判で押したようなピアノBGM付き「お涙頂戴仕立て」の震災・原発番組は、撮られる側にも視聴者にも失礼です。情に擦り寄るだけの番組に中身は一切なく、押し売りの安っぽい感動にジ～ンとして終わり。それっきりです。

「重要なニュースは第一面に大きく載っている。もっと重要なニュースは裏面に小さく載っている。そして、一番重要なニュースは紙面にないニュースだ」――これは旧ソ連時代の小噺ですが、福島の原発事故以降、私たちにも笑えぬジョークとなりました。

元来、報道にはフィルターが掛かっています。事態が深刻であればあるほど、それは濃くなります。ニュースとは、当たり障りのない範囲内でのみ伝えられるものだ。今回、大きな代償を支払って学んだこの事実を、我々は決して忘れてはいけないと思います。もし、変化の重要な兆しが現れても、それが国や旧守派に不都合なものであれば、揉み消され、見逃してしまう恐れがあるのです。

## 子々孫々の「安心・安全」を売り飛ばした人々

冷淡な言い方ですが、原発を誘致した自治体や、その運動の先頭に立った人々は、莫大な額の補助金や交付金につられ、子々孫々に至る安心・安全を売り飛ばしてしまいました。これは紛れもない事実です。

彼らの中には、「政府や電力会社に騙された」と憤る人もいます。けれど、将軍様の国ならともかく、その気になって調べれば、原発の危険性を警告する出版物や資料がたくさん出回っています。それらを原発側の主張と冷静に見較べれば、どちらが信頼に足るか、中学生にだって一目瞭然です。また、責任を負うべき業界・政府に危機管理意識や能力が全くないことも、以前から繰り返し指摘されていました。我々の頭の上で、五歳児が安全装置の外れた銃を玩んでいる。そう気付くチャンスは幾らでもあったのです。

私が原発誘致の当事者であれば、「騙された」と怒る前に、政府や電力会社の説明を鵜呑みにし、そのウソの受け売りで住民を「騙し」た自分も同罪だ、と自らの不明を恥じるであろうと思います。

「東京で使う電気を作っているんだから、汚染土は東京が引き取れ」という地元の声も上がりました。確かにストレートな怒りで、気持ちは判ります。しかし、その東京で、彼らの子供や孫がたくさん暮らしているのも現実です。

以前、行きつけの喫茶店で、「東京の水道代は高い！」と、スタッフの女の子が文句を言ったことがあります。そのとき私は、思わず、「だったら実家から水を担いで来いよ」と反論しました。

大都市といえど、キャパがあります。それを超えてもなお人が集まるものだから、遠く三国山脈の向こう側から取水せねばならず、それが水道代を押し上げているのでしょう。彼女に限らず、東京や大阪の暮らし難さを怒る人々には、「自分たちがそれに輪を掛けているんだ」と気づいてもらいたいと思います。

大都市に住む我々も、本来は限られた水やエネルギーを遣り繰りし、その範囲内で暮らしを営み、産業を維持すべきです。それを、原発は過疎地に厄介払いし、高い電気代を免罪符替わりとして街暮らしを享受してきました。都市の住民もまた、安心・安全を金で取り引きしたのです。その背後にあるのは「責任放棄」の一文字で、それが破綻したとき、責任の擦り合いになるのは当然の成り行きです。

電力や水に限らず大都市が抱える数々の問題は、もはや各々の街の責任ではなく、日本中で負うべき課題になっている。田舎も街も一蓮托生なのだ、と私は思います。

## モノに飼い慣らされた貧しく哀しい生活者

最初の東南アジア旅行当時、まだまだ物質的には貧しかった国々では、身近にあるモノの流用や組み合わせで、人々は巧みに必要物を作り出していました。それも、ガラクタを寄せ集めた単なる代用品ではありません。よく見ると随所に製作者のセンスが光る、試行錯誤を経た創意工夫の産物なのです。

例えば、タイの田舎町の道端で見かける丸っこいゴミ箱。そばに寄って観察すると、円盤型のフタから碁石容器のような本体、エッフェル塔を思わせるアーチ脚まで、すべてが古タイヤで構成されていました。切りっ放し、あるいは裏返しにして生まれる優しいカーブを張り合わせ、愛嬌たっぷりのフォルムを作り出しているのです。これはもう、ニューヨークの近代美術館に収められるべきレベルだ。私は舌を巻きました。

いうまでもなく、「無」から「有」は生まれません。でも、知恵と工夫で作り出せる物もある。意表を突き、ときにはウイットすら感じさせる彼らの作品に、私はそのことを教わりました。そして、これら「後進国」に溢れる創意工夫を「後端技術」と名付け、旅行中はもちろん、帰国後も暮らしの中の柱の一本に据えたのです。

カウンターカルチャー世代の私は、それまでも、物質的多寡を豊かさのバロメータとする考え方に疑問を抱いていました。東南アジアの見聞を通して、その疑いは確信へと変わってゆきました。「なければ買う」が当たり前の我々の方が、むしろモノに飼い慣らされ、頭を使うことを放棄した、貧しく哀しい生活者なのだ。そう思うようになったのです。

拙著『ぼくは都会のロビンソン』が賞（第二十九回雑学出版賞）を戴いたのは、父の容態が目に見えて悪化し始めた頃でした。「授賞式に出るので、しばらく帰京する」――病室のオヤジに伝えると、「あんなモンで賞が貰えるのか⁉」と怪訝な表情になりました。

これには苦笑しましたが、第二次世界大戦直後に理系の院生だった父は、実験一つ行なうにも装置がなく、それを自前で製作すべく、先ずは旧陸軍工廠の焼け跡へ材料探しに出かけるのが常だったそうです。

私が小学生当時、写真の引き伸ばし機や天体望遠鏡など、家にはオヤジの工作物がたくさん転がっていました。それら、巧みに廃物を利用し、精緻に仕上げられた作品は、子供の目にも輝いて見えました。そんな人物でしたから、ささやかな私の工夫など、児戯と映ったのも当然です。

かつて私が旅先で目撃した創意工夫は、何も東南アジアだけの専売特許ではありません。オヤジの例を引くまでもなく、つい半世紀前の日本でも常識だったのです。そうやって知恵を絞り、工夫を凝らして掴み取った快適な暮らしが、結果的に、アタマを使う愉しさと大切さを人々から奪い去ったとすれば、なんと皮肉なことでしょう。

## 日本に溢れ返る「商品の山」の出どころは？

私がユーラシア大陸往復の長旅に出たのは、まだバブル前の一九八〇年代半ばでしたが、行く先々で日本の企業による資源開発を見聞きしました。同胞の長期旅行者に出会っても、どこそこの森林を伐採しているのは××だ、〇〇の鉱山は日本の合弁会社が掘っている、といった話題になります。国内目線で見れば「活発な海外進出」も、現地に立てば紛うことなき環境破壊でした。

日本国内に溢れ返っている商品の山は、勝手にどこかから湧いて出たわけでも、空中からマジックで取り出したものでもない。すべて出どころがあるんだな。ここでもやはり無から有は生み出せないんだ。そんな当たり前のことに、私は旅先で気づいたのです。

帰国後、マレーシアの熱帯雨林を伐採している某社を取材する機会がありました。応対に出た広報担当者は、抽象的で耳当たりのよい単語の並ぶ印刷物を前に、その会社の活動がいかに自然に配慮したものであるかを、とうとうと述べました。私はさりげなく目の前の紙を返してみましたが、おもて面がスカスカなら、裏面も白紙でした。

取材の後、雑談になりました。意外なことに、彼は六年もの現地駐在経験があるのだそうです。

「我々が進出したお蔭で、ジャングルに道路ができました。学校や診療所も建ったんですよ」

そう訴える言葉の裏には、「未開の地に文明をもたらした」という自負が感じられました。そして、「なぜ、我々の活動が非難されなくてはならないのか？」と真剣な眼差しで問い質してきたのです。

私は驚きました。僅かな期間ですが、私もタイ北部の山岳少数民族の村にホームステイしたことがあります。竹を編んだような住まい、焼き畑や狩猟採集を生業とする暮らしは、見るからにプリミティブです。

しかし、そこには我々と変わらぬ家族の団らんがありました。そして、自然と共存する彼らのライフスタイルが洗練された高い文化であることは、たった一カ月の居候の目にも明らかでした。

でも、それを言ったところで伝わらないだろう。そう考えた私は、「暮らしを変える変えないは、彼ら自身が決めることで、よそ者が強制的に行なうべきではないのでは？」と、無難な意見を述べました。それでも、広報担当者は憮然とした表情のままでした。見るからに切れ者で、取材中はこちらの質問も皆まで言わせなかった彼が、こんなことも理解できないのか。首を傾げたいのは私の方でした。

進出企業による旺盛な資源開発は、言うまでもなく日本の経済力の一翼を担っています。その「強い円」があればこそ、ケチケチ旅行とはいえ、私のような立派なビンボー人でも世界を回ることができるのです。

地元の人の目で日本企業の活動を眺めながら、懐のカネの素性に思いを致すとき、心境は複雑です。その一部は、この地から出た可能性もあるのです。一方、会社を背負って乗り込む人たちが、最後まで「上から目線」を捨て切れないのも、また無理からぬことなのかも知れません。かつての宣教師のような自信に満ちた人物と、どこかに後ろめたさを抱えたビンボー旅行者では、理屈はさて置き、ハートの部分での接点は最初からなかったのです。

## こんな「人」と「組織」に殺される

これも旅先でのエピソードです。

あるとき、現地で優雅な年金生活を送っている日本人と、ちょっとばかり論争になりました。薬害エイズだったか水俣病だったかの判決が話題で、元官庁の役人らしき彼とは、どこまで行っても意見が交わりません。――「被害者にとっては裁判が最後の拠り所だ。杓子定規に法律解釈するのではなく、もっと弱者救済の視点に立てないのか。それでなくとも法律は時代の後追いで、新たな事件や事故には対応できないのだから」「これらの事件も、元々は監督官庁の職務怠慢が原因ではないか」といった私の疑問に、それは出来ない、それは違うの一点張り。押し問答の挙げ句、ついには「どんな時代でも、シワ寄せを食ったり貧乏クジを引く人間が出るのは世の常だ。そんなものまでいちいち構っていたら、国が前に進まない！」と叫んだのです。私は呆気に取られ、そこで議論は打ち切りとなりました。

帰国後、この顛末を人に語ったのですが、官僚気質をよく知る人物から「別に驚くにあたらない。それが彼らの本音だよ」と聞かされ、二度びっくり。恐らくは日本を遠く離れた解放感から、怪しい旅人を前に、あの男も本心をうっかり漏らしたのでしょう。

今回の事故後、原発の風下側に避難した一部の住民を、国はアッサリ見捨てました。我々には信じがたい所業ですが、もしも彼のような人物が担当だったとしたら、何の不思議もありません。

そういえば、事故後に福島第一からの全面撤退を政府に申し入れた東電も、半官半民の色彩の濃い企業です。あれは、彼らにとっての常識的判断だったのでしょう。恐らくは現場にいる数百人の社員の命がすべてで、その他大勢の数千万人のことなど意識に昇らなかったのだと思います。あるいは「あとは政府の仕事だ」と考えたのかもしれません。

テレビ局にせよ、官公庁、電力会社、原子力関連機関にせよ、組織が肥大すると新陳代謝は衰えます。その結果、排出できずに溜め込んだ老廃物で自家中毒を起こし、ますます劣化や硬直が進みます。最終的には、延命、自己保身に汲々とする「生ける屍」と化すのですが、すっかり麻痺してしまった内部の人間は、それにすら気づかないようです。

爆発で骨組みだけになった原子炉建屋の姿は暗示的でした。今回の大震災と原発事故を、「第二の敗戦」と呼ぶ人がいますが、全く同感です。戦前は、軍部の野心に巨額の軍事費目当ての産業界が呼応し、産軍複合体を作り上げ、戦争に突入してゆきました。

戦後も構図は同じです。莫大な建設費に群がる産業界や政治家によって、原発事業は『電気代』という隠れ税でカネを掻き集める、一大集金マシーンの役割を負わされたのです。

それが、あの日に吹っ飛びました。見掛け倒しの外壁と捻じ曲がった鉄骨は、この国の薄っぺらな繁栄と、それを支えてきた歪んだ経済構造を象徴しているように見えてなりません。

「食うこと」を他人任せにしたツケ

ネパールやインドで自炊暮らしを愉しんでいるとき、私は一つの疑問に囚われました。一日三食を作っていると、それだけで日が暮れてしまうのです。夕食の後片付けを終えて宿近所の旅行者カフェに出かけ、粗末なケーキを前に日記帳を開くのが、ほとんど唯一の「仕事」となりました。その内容も大半は自炊の話です。もちろん、水場の蛇口から出るのは糸のような水、調理は火力の弱い現地製灯油ストーブが頼り、バザールへの買い出しも往復一時間余りといった数々のハンディと、要領の悪いダラダラ作業も原因です。

それにしても、食材をバザールに頼ってさえこの有様では、自給自足から始めると一体どうなるのか。人間って、実は極めて非生産的・非創造的にできているのかも知れない。

でも、片方ではスペースシャトルが飛び、コンピュータは日進月歩で進化し、巨大なビルが次々建ってゆく。そう考えると、両者のあまりのギャップに、正直、頭がクラクラする思いでした。

人類も動物の一員です。だとすれば、めいめいに備わった労働力や生産力は、「己一人の食物を自力で賄う」以上でも以下でもないに違いない。そのライフスタイルを全員が続けておれば、いつまで待っても月面に旗など立ちません。つまり文明は、「自分の食べ物は自分で調達」という生存の基本中の基本を他人に任せ、浮いた時間を集めて築かれた、ということです。

食糧生産を任された方も、従来通りの人力頼りの農法で、収穫量を何倍にも増やすことは不可能です。化学肥料や殺虫剤、薬剤を多量に投入し、品種改良や機械化を進め、単位面積当たりの収量を上げなければなりません。また、それら農作物を燃料を使って遠方に運び、鮮度を保持し、保存期間を延ばすための様々な方策も必要です。

農業人口が減るほど、つまり「他人任せ」が加速するほどに、食物は自然物から遠ざかります。それがリスクを孕むのも当然の帰結でしょう。

そう考えると、街の消費者の不安なんて、そもそもが「自分の食べ物は自分で」の義務を放棄したが故の、しっぺ返しに過ぎないではないか。なにが〝食への高い意識〟だ。カネを払っているからって、生産者にあれこれ注文をつけるなど、単なる傲慢なエゴイストではないか。自戒の気持ちと共に、私はそんな結論に落ち着きました。

分業、役割分担といえば聞こえはよいが、あれもこれもと人任せにし過ぎると、そのツケは確実に回ってきます。

それは政治だって同列です。大阪で橋下徹さんに寄せられた「強いリーダー待望論」も、一つ間違えば同じ轍を踏みかねません。確かに市役所仕事のオソマツさは、私たち市民として嘆かわしいばかりではありますが。

ついでながら、彼が乗り込んだ大阪市庁舎は、傍らの高速道路上から眺めると、チェルノブイリの石棺に瓜二つ。住民にとっての「お荷物」が詰まっているところまでソックリです。

利便性や快適さを追求するのは、風景に誘われ、凍った湖上を沖合に向かって歩くのに似ていると思います。確かに眺めは良くなりますが、一方で足下の氷は薄くなり、安全な岸辺も遠ざかります。文明の進歩に身を置く以上、コインの裏表であるメリットとデメリットは等量で、もしくは、抜きつ抜かれつのイタチごっこで訪れます。その狭間で生きる覚悟を決めることこそが、いまの時代に一番必要なのではないか。そんな気がするのです。

## 農村にいるエジソンやロビンソン

二、三年前の灯油高騰や今回の原発事故で、湯たんぽが見直されています。私も以前はお世話になっていました。ただ、カセットコンロ暮らしの身分で、毎日二リットル強の湯は重荷です。せっかく保温調理などで節約しているのに、安眠のためとはいえ、一日の消費量に匹敵するガスを気軽には使えません。

そこで、採用したのがドンゴロスを活用した下半身寝袋です。コーヒー豆屋の片隅に百円ほどで置かれているあの袋に、筒状にした掛け布団を押し込み、隙間を作らぬよう、しっかり足先を包むだけ。その工夫一つでポカポカしてくるから驚きです。冷え性体質プラス暖房ナシの生活でも、自分の体熱さえ逃がさなければ、快適に朝を迎えられるのです。

めっきり本を読まなくなった私ですが、最近、唯一『現代農業』の発売日を心待ちにしています。誌面で紹介されている農家の人たちの知恵と工夫、観察眼は、畑仕事や家庭菜園に縁がない身にも、大変刺激的なのです。そこでサラリと触れられているアイデアの多くは、恐らく、長年にわたる試行錯誤の成果なのでしょう。

先のドンゴロス寝袋も、時間だけは十数年かけて編み出したものです。街なかの六畳一間を遊び場にしている私は、彼らのレポートを読みながら、「後端技術」を駆使した数々の試みに、「同志がいる！」と嬉しくなるのです。

農業は不確定要素だらけの自然が相手です。常識に縛られた頭脳では、なかなか太刀打ちできません。出来あい、あてがい扶持の製品の中で満足している都市生活者とは大違い。農村には、まだたくさんのエジソンやロビンソンがいるのです。

原発は、自給自足を放棄して築かれた文明の産物です。事故後、水力や太陽光など、本来のエネルギー（原子力こそ「代替」です）で自活しようという動きが広まりました。そこには、電力を他人任せにした反省から、「自分で使うものには自分で責任を持ちたい」という強い願いが感じられます。

エネルギーに限らず、身の回りの小さなテーマであっても、暮らしのイニシアチブを取り戻してゆけば、自ずと気持ちは豊かになります。自分で知恵を働かせ、工夫を凝らし、何かを発見・達成する。と、そこに大きな満足感や幸福感が訪れる。元来、人間はそのように出来ているのではないか。長いビンボー生活から得た、私の確信の一つです。

「原子炉破れ」た第二の敗戦では、山河も深く傷つきました。それは、あまりにも多くを人頼みにしてしまったが故の結末でもあります。ゼロどころかマイナスからの復活……。そのためにも、やはり暮らしの自治権を取り戻すことから始めるしかない。私はそう思っています。

●くしま・ひろし　プロフィールは84ページ参照。

慎ましやかな贅沢が楽しみだった豊かな時代

# 家計からみる昭和三十年代の暮らし

生活評論家◎吉沢　久子

「工業化」と「大衆消費」へ

昭和三十年代は、「工業化」と「大衆消費」の時代というのでしょうか、誰もが喜んで消費するようになっていった時代です。戦争中は、たとえば野菜なら一週間に一人分大根五センチしか配給がありませんでした。そのため、私も自分で畑を作って、近くの農家の方の見よう見まねで野菜を作りました。ヤミでものを買うというのは大変な出費で、主婦が自分の判断で買えるような時代ではありませんでした。

飢餓寸前の状態から、ふつうに暮らせるという実感が出てきたのは、昭和二十五年以降でしょうか。生活水準が戦前の約七割になったのが、昭和二十五年です。この年に千円札が発行されたのですが、ちょうどこの千円札一枚が、一人当たりの一ヵ月の食費の目安でした。五人家族で五千円の食費というのが、つましいけれど悪い食事ではなかった時期です。

それが、昭和三十一年に「もはや戦後ではない」と記された『経済白書』が出ます。「生活革命」ということばが登場したのもこのころで、それまでは足りなかった量が満たされ、やっと食べ物や衣類の質の問題を考えられるようになったのが、昭和三十三年から三十四年ごろだと思います。

## 慎ましやかな贅沢ができた時代

とはいっても、まだまだ生活は慎ましやかでした。私は当時、生活のミニ知識を伝えるラジオ番組を担当していたのですが、当時話していた内容を振り返ると、衣料費や食費の使い方、家計計画と節約方法などの話題がたくさん出てきます。

たとえば二月は一ヵ月三十一日ある月に比べると、三日間も日数が少ない。月給制のサラリーマン家庭では、三日分の食費・暖房費・燃料費などが浮くことになります。その三日分の黒字をどう生かして、豊かな食卓のなかに入れていったらいいか。当時、一番多かったのは、夕方のおかずを一日だけぜいたくにするという主婦でした。レストランで食べるようなビフテキなど豪華版の食事をどうぞ、という提案をした記憶があります。

当時はレストランで外食すること自体、ぜいたくで豪華でした。一週間分の食費の使い方も週単位で計算して「今日は、ちょっとぜいたくにおいしいもの食べよう」という日と、「明日は納豆で」という日を組み合わせて予算内に抑える。節約しても貧乏感を感じないお金の使い方をしようと話していたんです。

衣類にしても、自分の手で全部作ったり、古い着物を洋服にリフォームしたりしていました。秋風が吹き出すと染め物屋さんが忙しくなるともいわれていました。流行遅れになった洋服などを染め直して着る家庭が、まだまだ多かったのです。私も、大島紬の着物の傷んでいない部分を使ってワンピースにしたりしてました。また、日ごろ着ている洋服は、二日、三日と続けて着ると早く傷むので、一日着たら十七時間は服を休ませると繊維が回復するとか、クリーニング代の節約に、あまり着なかった冬物は一年おきにクリーニングに出すことにして、自分で手入れをする知識なども提供していました。

最近は私自身もアイロンをあまり使わなくなりましたが、当時はちゃんと糊付けしてアイロンをかけるのが普通でした。梅雨時は、生乾きのものを乾燥させる役割があったし、熱による殺菌作用もありました。ただし、毎日アイロンを使うと電気代が大変なので、あかちゃんのおむつの殺菌用にアイロンを使いましょうとお話しした記憶があります。

当時はまだ、くず屋さんが日ごろから家庭に出入りしていて、日常的なリサイクルの循環が、当たり前のようにできていましたね。電話もまだ普及しておらず、私の家では最初、お隣の家の電話をお借りしていました。まだまだ電報の利用が多かったし、長話をすると電話料金がばかにならないので、節約の方法として、電話をかける前に、用件を要領よくまとめてメモしておこうと呼びかけたりしていました。その時代の生活文化を身につけてしまっているので、私はいまでも手紙が好きです。ことにお礼状は、絶対に手紙です。電話は、有無も言わせず相手を電話口に呼び出すのだから失礼だと思ってしまうんです。

三種の神器と電気炊飯器

昭和三十年代は、電気冷蔵庫、電気洗濯機、テレビ（または掃除機）が「三種の神器」と呼ばれた時代です。私自身、昭和二十年代は氷冷蔵庫を使っていた覚えがありますが、このころにやっと日立の電気冷蔵庫を買って、すごくうれしかったのを覚えています。洗濯機も、手回しのローラーで脱水する形から、脱水槽も付いた二槽式のものに買い換えました。

昭和三十五年の全国の電気洗濯機普及率が四〇パーセント、電気冷蔵庫は一〇パーセントという統計がありますが、私も「三種の神器」のなかで最初に買ったのは洗濯機です。洗濯が一番大変な作業でした。いまは家電製品がやっていることを、それまではすべて人間の力でやっていたわけですから、主婦業もかなり大変でした。たとえば、水でさえ、昔は井戸から汲まなければなりませんでした。家の中に手押しポンプができて、そこから井戸水を出せるようになっただけでも、とても家事が楽になりました。

「三種の神器」ほど高くはなくて、主婦にとって魅力的だった家電製品のひとつが、いまでいう炊飯器です。昭和三十年に、東芝から初めて「自動式電気釜」――お釜の山さんと呼ばれるほど開発に熱心だった東芝の社員・山田正吾さんたちが商品化したものが発売されました。別売のタイムスイッチと組み合わせると、夜にお米を研いでセットしておけば、朝、自然にご飯が炊けている。これは、とくに働く主婦にとって、とても便利で魅力的だったと思います。

一方の農村では、「台所改善」が婦人会の一番の課題でした。それまでは、薄暗いところにかまどがあって、主婦は暗い台所で、しかも煙の中で家事をしていました。炊事に使う水は外から汲んでこなければならず、食器も外で洗ったり、家の中に流しがある家庭でも、流しが床と同じ高さで、しゃがまなければ作業ができませんでした。食卓に使われていた囲炉裏でも、一番煙たい席が主婦の席でした。それを、煙突が外に出るかまどに改善したり、水回りを含めて家事・炊事の作業をまとめてできる台所にしたい。食卓も、囲炉裏ではなく腰を掛けて食べたい、という願いが主婦にはありました。

## 主婦の社会進出が広がる

それまでの主婦は、いまから見れば、確かに大変な労働をしていたと思います。だからこそ家電製品が普及していったわけですが、逆に、昭和三十年代後半は、家電製品が欲しいためにアルバイトに行くという主婦が登場した時代でもあるんです。夫の収入だけではなかなか買えないならば、自分で働いて、そのための費用を稼ぐ。高度成長期に入って、働こうと思うと働けるだけの雇用の場があるという環境も整っていました。余談ですが、さらに昭和四十年代に入って田中角栄首相の時代になると、もっと女も生産にかかわってほしいと言われるようになります。そして、働くからには、家電製品がますます必要になっていったんですね。

購買意欲を刺激するものとして、テレビの民放が始まったのも大きかったと思います。テレビCMが始まって、誇大広告もいろいろと出てきました。先ほどお話ししたように、量は満たされたけれど、質的には粗悪な食品も出回るようになり、それに対する消費者運動も盛んになった時代ですね。テレビCMで刺激されて、あれが欲しいと思ってアルバイトに行くわけです。テレビが普及すると、地方も都会も、服装や暮らし方の違いがなくなってきます。当時、地方の山村に行って驚いたのですが、村のよろず屋さんなどで総菜を売っていたんです。その地域の奥さんたちがみんなアルバイトに出ていて、帰りにサトイモの煮っころがしなど、自分でも作れるけれど、作るのが大変なものを、よろず屋さんで買って帰ると言うのです。その話を聞いたのが、やはり昭和三十年代後半です。おそらくこの時期が、現在の暮らしの風景の萌芽が、全部出てきた時代なんでしょうね。

## インスタント食品と冷凍食品

食の世界では、日清チキンラーメンが、昭和三十三年に発売になりました。一袋三十五円という価格は、それほど安いものではなかったと思います。あんな食べ物は初めてだったので、髙島屋でしか売っていないと聞いて、わざわざ買いに行った思い出があります。当時、インスタント食品というのは、そういう存在だったんです。中年以上の方は背を向ける傾向があるけれど、これは夜食に便利だし、今後は広がっていくのではないかと、私も話した覚えがあります。

もうひとつ、冷凍食品が登場したのもこの時期です。これは革命的でした。冷凍すると鮮度が保てると聞いて、本当にびっくりしてしまいました。しかも大量生産だから、冷凍食品のほうが生鮮食品よりも安かったんです。科学の発達はすごいと思いましたね。

三種の神器をはじめ、購買意欲を刺激する製品が次々と出る。それを買うために主婦が外に働きに出て、そのために家電製品やインスタント食品、冷凍食品が家庭の必需品になっていく。昭和三十年代の後半というのは、そういう時代だったような気がします。

それから約四十年たったいま、サトイモの煮っころがしを買ってしまう時代を経て、スローライフ、スローフード運動が生まれてきました。イタリアがスローフード運動の発祥地というまでもなく、人間本来の気持ちとして、やはり食べ物をいい加減にしていると、自然に心が荒れてくるのではないでしょうか。それに対する反省は、いずれ当然起こってくると思っていましたが、いまがその時代なのかもしれません。

いまの子どもたちの情緒不安定な行動や事件にも、食生活がかなり影響しているのではないかと思います。昭和三十年代前半は、家族が必ず一緒に夕食を食べていました。多くの家庭は、お父さんも夕食までに帰ってきたんです。お父さんのお小遣いもそれほどあった時代ではなく、「収入の一割くらいは、お父さんのお小遣いにしないとかわいそうだ」と私たちは言っていたのですが、それさえなくて、百円亭主ということばもあったくらいです。

だからお父さんも、そうそう外で飲んで帰ってこられる時代ではなかった。そのお父さんが子どもを叱ったり、三世代家族ならおじいちゃんが叱ったりしていて、食事の席では必ずそういう大人と子どもが顔を合わせたわけです。いまは、子どもがひとりで食事をする風景も増えているといわれますが、食事には、以前はそういう意味合いもあったのではないでしょうか。

昭和三十年代に限らず、いまの時代でも、これから新しい物はどんどん出てくるでしょうし、進歩もなければいけないと思います。ただし、欲しいと思ったとき自分にとって本当に必要なものかどうか判断して、取捨選択できる力が、生活者として一番大事ではないでしょうか。自分の価値観をしっかり持っていかなければいけないという意味です。昔は豊かではなかったから、物欲に任せて買う余裕などありませんでしたが、経済的に豊かになったいまは、ますますそういう判断が必要かもしれませんね。

私は、平成二十三年の東日本大災害を経験してから、今後ますます日本人の生活は「モノ離れ」していくのではないかと思いました。それより十六年前の阪神・淡路大震災以来、私たちのモノ離れは始まっていたと思います。うさぎ小屋といわれた家に、戦災で何もかも失った日本人は、けんめいに働いて、せっせとモノを買い、詰め込んでいました。それを豊かな暮らしになったと思い込んでいたのに、大きな自然災害にあえば、一瞬にして財産は消えてしまう、そのはかなさを知って、モノより心にもつ財産の大切さを納得したと思います。災害にも、泥棒にも、奪われることのない財産の意味を知り、それを大切に考える人が多くなったと私は信じます。

東日本大災害では、一層のモノ離れのほかに、人智の驕りということも深く考えさせられたはずです。明日のために自分たちはどう暮らしたらよいか、また考えていかなければと思っています。

（構成・編集部）

●よしざわ・ひさこ　プロフィールは42ページ参照。

貧困と経済的自立の狭間にあるもの

# 雨に濡れる人々を思って

社会運動家◎湯浅 誠

## 「三つの傘」の限界

浮き彫りになった日本の貧困は、高度経済成長期にできた仕組みと、その仕組みがその後の時代の変化に対応できなかったために起きたと考えています。私はその仕組みを「三つの傘」と表現しています。

「三つの傘」とは、国の傘・企業の傘・男性正社員の傘です。国の傘は企業を守り、企業の傘は男性正社員を守り、男性正社員の傘は家族を守ってきました。国が輸出系の製造業や地方公共事業に補助金を出すことで、お金は企業に流れ、そのお金が企業で働く男性正社員の給与となり、生活給というかたちで男性社員に支払われて、家族の生活が成り立つという図式です。

高度経済成長は多くの人に就業機会と給与増をもたらしましたから、「三つの傘」の下に入って生きていくことが当たり前になりました。農家など自営業の子供の多くも、会社に就職するというかたちで傘の中に入ることが多かったですね。

男性は、学校を出るまでは父親に守られ、学校を出たら会社に守られる。女性は家族の傘の下にいるのが基本で、結婚するまでは父親に守られ、結婚後は夫に守られる。しかし、会社の傘にも正社員の夫の傘にも守られない人たち、たとえばシングルマザーや日雇い労働者の人たちなどは、結局どこにも守られず、高度経済成長期にあっても貧困に陥ってしまっていました。

「三つの傘」は、高度経済成長の終焉、とくに一九七〇年代のオイルショック以降、徐々に維持が困難となり（その担保のために使われたのが赤字国債でした）、九〇年代以降、閉じ始めました。その結果、シングルマザーや日雇い労働者の人たちにとどまらず、若者や働き盛りの男性までが、就職の困難や失業といったかたちで傘の外に追いやられ、貧困に陥ってしまった。つまり「三つの傘」の下で生きていくのが当たり前という価値観が、現実に即していないことが露呈したのです。

しかし「アジアの奇跡」と呼ばれるほどの経済成長を遂げた成功体験があるため、「三つの傘」の下で生きていくという価値観、考え方を、なかなか変えられないでいる――それがいまの日本ではないかと思います。

一九七〇年代前半には、政府は、子育て・教育・住宅などを公的に支える、ヨーロッパ型の福祉国家を目指すと言っていましたが、七〇年代後半には、日本型福祉社会というモデルを打ち出します。それは、傘の中の最小単位である男性正社員個人が、子育て・教育・住宅をまかなえるように企業は給料を支払い、国も企業にお金を流すというモデルでした。

しかし現在、「三つの傘」は以前のようには機能せず、同時にもはや個人でのやりくりにも限界がある。もう少し国や社会が人々の生活を支える仕組みをつくる必要があると、多くの人は考えているはずです。

「生きやすさ」にも格差

傘の内と外では、生きていくうえでの有利・不利が大きく分かれています。労働条件一つとっても、傘の内側は基本的に正社員ですから、相対的に賃金が高く、将来の見通しもある程度立てられるでしょう。一方、傘の外側は非正規雇用で働いている場合がほとんどで、賃金が低く、極端な場合、その日暮らしをするしかありません。

リーマンショックや三・一一のような突発的なアクシデントが起こったときも、傘の内側では雇用調整助成金などによって解雇されることは少なく、傘の外側は真っ先に解雇されてしまう。

失業した場合でも、失業保険がある傘の内部と、そうしたセーフティーネットがない外側に分かれます。

こうした大きな格差を解消、少なくとも縮めるためには、傘の内と外、双方の人たちが現状を理解する必要があるのですが、しかし、これは難題ですね。傘の内と外で、「生きやすさ」にまで格差があるという社会構造が、ほとんど認識されていないからです。

傘の内側にいる人に、「傘が閉じて、雨に濡れる人が増えている」と言っても、「それならなおさら就活も婚活も一生懸命やって、生産性の高い人間として生き残るべきだ」と見てしまう。内部にいる人にとっては、「三つの傘」は空気のようにあって当たり前のものですから、その構造が引き起こしている問題が見えにくいのです。

しかし、「生活保護に陥った人が再び働けるように下支えすれば、税収も上がるし企業の利益にもなる。回り回って景気回復にもつながる。日本という国も世界で負け組にならなくて済む」と話すと、納得する人もいます。生産性や国力に絡めて話をすると、とくに男性には、貧困問題の解消のメリットがわかってもらえることが多い（笑）。

最近は、正社員でも傘の外へ行ってしまうのではと不安にさいなまれる人が多いので、「傘の内と外、両方に社会保障が機能すれば、お金がうまく回るようになる。そして誰も貧困に陥らずに済む」と、不安に寄り添うかたちで話すのも伝わりやすいかもしれません。

いずれにしろ、傘の内と外の格差に気づいてもらうためには、現状を訴えるだけではなく、相手と問題を共有できるような言い方をしなくてはいけないと思いますね。

## お金の流れを変える

生活保護受給者は二百万人を超えましたが、生活保護でカバーできている人たちは、受給対象者の三割という厚生労働省の試算があります。つまり約六百万人の受給対象者が潜在的に存在するのです。

受給世帯は「高齢」「母子家庭」「傷病」「障害」「その他」と分類されますが、現在、「その他」世帯の受給が増えているのが特徴で、世帯の中に働ける年齢層の人がいる世帯と言われています。結局、傘が閉じられたために、企業と家族の支えを失った人が増えたということです。公的な保障のほとんどが高齢者と障がい者にしか対応していませんから、高齢者でも障がい者でもなく、企業や家族に支えられない人たちが、生活保護を受けるしかなくなっているのです。

高度経済成長以前の生活保護は、ワーキングプアのための生活保障制度で、「その他」世帯が五割以上を占めていました。しかし高度経済成長で、多くの人の給料が上がった結果、生活保護は「年齢や障がいなどが理由で働けない人のための制度」というイメージが定着してしまった。そうして、「働けるのに生活保護を受けていて、おかしい」とまで言われるようになってしまったのです。

現状では、新たな高度成長によって生活保護世帯が減少することは望めません。ですから、貧困に陥り、生活保護にまで進んでしまう前の段階で、雇用創出、雇用保険、その他のセーフティーネットを張る必要があると思います。

しかし、傘の外にお金を流すことは、新たなバラまきであるという批判は強く、結局十分な対応ができていない。そして生活保護受給者が急増しているという悪循環が続いています。

## 傘の内と外を行き来すれば

「なぜホームレスの人たちは、家に帰らないのですか?」と、よく聞かれます。

そう聞くのはたいがい傘の内部で生きてきた人で、彼らは、傘の外の人たちの、頼る家族もない状況が理解できない。傘に守られていることが空気のように当たり前になっている彼らは、「自分のように普通にやっていれば、生きていけるはずだし、頼れる家族がいるはずだ。本人がよほど努力しなかったのだろう」と判断してしまう。社会の下支えのために傘の外にもお金が流れたほうがいいと話しても、「努力しなかった人に、なんでお金を使わなければならないの?」となります。

しかし、貧困問題を解消し、社会保障を充実させるためには、お金の流れを変えなければならないし、そのために、傘の内と外、両方を行き来する人を増やす制度が必要だと思います。たとえば正社員と自営業の間を行き来する人がいれば、両方の現実を知るがゆえに、断絶に気づく。傘の内と外では、生きやすさがまったく違うことを理解し体感する人が増えれば、お金の流し方を変えることに「強く賛成」とまではいかなくても、「反対ではない」という立場の人が増えるのではないでしょうか。

雇用の正規・非正規の問題も、行ったり来たりできるようなあり方になることが望ましい。これも貧困に陥る前の一種のセーフティーネットにもなるからです。

正社員の地位を失わないために体を壊すまで働くようなことがないよう、普通に休めるようにする。また、女性が仕事か出産かを選ぶのではなく、出産や育児後の職場復帰を容易にする。あるいは出産や育児時期でも働ける雇用形態をつくる。中間的正社員という言葉も出始めていますが、正規と非正規の間に幅を持たせ、いくつかの選択肢を設けるのが有効だと思います。

一九九〇年代以降、傘の内と外の人間が同じ生活圏で暮らすことが減ってきています。さらにいまでは、内と外、どちらで生きていくかが、かなり早い段階で分かれてしまうようになっています。

幼稚園から私立に通い、小学校・中学校・高校をエスカレーター式に上がり大学に入り、就職、結婚。こうしたコースを普通と受け取る人たちがいる一方、学校に行きたくても行けない人や、働くことを余儀なくされる人たちがいる。そうした両者が交わり合うことはほとんどなく、同窓生になることも少なくなっています。「同窓生は全員正社員」か「同窓生は全員フリーター」といったことが、現実としてありえる状況なのです。

こうした二極化は、経済格差を固定するだけではなく、価値観や世界観も分断します。国の統治に関わる人がいちばん恐れなければならないことです。

しかし政治家や官僚は、傘の内の人ばかり（笑）。本当は彼らこそ、傘の内と外の、両方の世界をよく知る必要があるのですが。

## 貧困は個人の問題ではない

自営業で一生懸命やってきた人の年金が月に約七万円。それに比べて生活保護は月に十二、三万円。そうなると、生活保護のほうがいいと考える人がいるかもしれません。

しかし、実際に生活保護に踏み切る人はほとんどいないはずです。長年いろいろな生活困窮者の人たちを見ていますが、自分の年金や賃金に比べて生活保護のほうが割がいいという理由で受給者になる人は、まずいないと言っていいでしょう。「肩身が狭い」「財布を役所の人間に握られる」というイメージは強固ですし、車も持てない、ローンもダメとなれば、まさに丸裸にならなければ受けられないのが、生活保護という制度です。

実際、私たちのところに相談に来る人に、「生活保護しかないのでは」と促したときの抵抗はかなりのものです。私の経験則ですが、生活保護を受けるまで追いつめられた人の多くは、「仕事も家も失った。すべて俺が悪いのか」「いや、俺だって頑張ってきた。悪いのは会社だ」「そうはいっても仕事を続けている人はたくさんいる」といった葛藤、自己責任論との自問自答の闘いに疲れ切って、やっと相談に来る。

だから、「あなたは間違っていなかった」「こうなったのは社会構造の問題で、あなたが特別悪かったわけではない」「苦しんだのはあなただけじゃない」というメッセージを周囲がきちんと送れば、本人にもともとあった力が徐々に回復し、仕事探しや社会参加にも意欲的になれるのです。

生活保護の不正受給や、受給されたお金をギャンブルやアルコールにつぎ込んでしまう人へのバッシングがあります。そういうケースは確かにありますが、不正受給は金額ベースで〇・三%。とても多いとは言えません。そこだけを取り上げると、貧困問題を自己責任論で片づけようとする悪循環にもつながってしまいます。

生活保護受給者になった人でも、新たなスタートを切った人はたくさんいます。多くの人が、自らの力で再出発する姿を、実際に見てきましたから。

必要なのは、貧困は個人の問題ではないと勇気づけ、本人の力を引き出すサポート機能です。生活保護を受けまいと発揮した力を、自己責任論で消耗させてしまってはいけない。新たな生活を切り開いていく方向にサポートすることができれば、社会復帰は自ずと果たされるのだと思います。

傘の内と外では、生きるうえでの極端な有利・不利があり、傘がすぼまりつつある以上、誰もが傘の外で濡れる状況にあること。それは個人の責任ではなく、社会全体の構造の問題だということ。こうした考えが共通認識になったとき、貧困問題は一歩前進すると言えるのではないでしょうか。

（構成・編集部）

●ゆあさ・まこと　一九六九年東京都生まれ。自立生活サポートセンター・もやい事務局次長、反貧困ネットワーク事務局長。内閣府参与。『反貧困』（岩波新書）で平和・協同ジャーナリスト基金賞大賞、第八回大佛次郎論壇賞受賞。ほかに『どんとこい、貧困！』（イースト・プレス）、『岩盤を穿つ』（文藝春秋）、『湯浅誠が語る「現代の貧困」』（新泉社）など著書・共著多数。

先の見えない時代に〝自分を守る〟

# とにかく貯金を。投資は禁物

経済ジャーナリスト◎荻原　博子

強者はより強く、弱者は虐げられる

　バブル崩壊から失われた十年を経て、二〇〇二年二月以降の景気回復は戦後最長の「いざなぎ景気」を超える「いざなみ景気」といわれましたが、成長の幅はいざなぎ景気やバブル景気よりささやかなものでした。

　その後、サブプライムローン危機やリーマンショックなどのアメリカに端を発した「百年に一度の金融危機」は、世界中に影響を与え、わずかながら回復した日本の経済状況も、再度悪化の方向へ進みました。

景気が一時的でも回復していたのにもかかわらず、その実感が持てなかったのは、給与が増えなかったためです。それまで社員へ分配されていた利益は、「内部留保」という形で企業が蓄えるようになりました。内部留保とは、企業が経済活動を通して得た利益のうち、企業内部へ再投資して蓄積することです。

財務省の法人企業統計調査によると、ここ十年の間に企業の利益剰余金は約二倍に増え、企業の内部留保（規模十億円以上）の総額は、一九九八年の百四十三兆円から二〇〇八年の二百四十一兆円と、約一・七倍に増えています。

なぜ企業がここまで現金を貯め込む方向へ傾いたのでしょうか。

この背景には、バブルの崩壊とアメリカが主導してきたグローバル主義があります。巨大資本の一人勝ちが続き、体力のない中小企業は巨大資本からの吸収合併を避けるため、利益を分配せず、せっせと内部留保という形で貯め込んできました。

そのため、いくら働いてもお金が増えない。収入が減ると私たちは消費を控えます。そうするとモノが売れない。企業の販売業績が低下すると利益が減り、リストラが進む。いっそう消費者は買い物を、企業は投資を控え、ますますモノが売れなくなる悪循環——デフレスパイラルが続いている状況です。

グローバル主義の先導役・アメリカでは、経済格差の問題はさらに深刻です。人口の一％が富の二〇％を独占し、九九％の人々を搾取しています。ウォール街で若者たちが抗議デモを行なったのは、この行き過ぎた市場原理の暴走を食い止めようとアピールしたものでした。

マイケル・ムーア監督のドキュメンタリー映画『ＳｉＣＫＯ』（二〇〇七年）では、民間の医療保険に加入できない層が五千万人もいるアメリカの医療問題を扱いました。

「救急車を呼ぶ場合は事前申告すること」と書かれてある保険会社の書類や、医療費を払えない男性が自分で自分の傷口を縫う場面など、経済大国にしてはあまりにもお粗末な実態が紹介されています。

難癖をつけて支払いを渋る保険会社だけでなく、医師や製薬会社、医療業界全体が利益の追求を最優先にしているため、患者の命にかかわる怪我や病気であっても、お金がないとまともな医療が受けられず、あっさりと切り捨てられる現実。あまりにも非人道的な現実を突きつけています。

しかし、これはひとごとではありません。日本も「グローバル経済」の旗のもと、確実にこの方向へ舵を切っているのです。

その一つが雇用問題。雇用形態は正社員から派遣社員・契約社員へと移り変わり、その結果、正社員の仕事量と責任は増えたのにもかかわらず収入は伸びない。学生らは、就職氷河期といわれた一九九〇年代後半よりもさらにシビアな状況に置かれています。「働きたくても働き口がない」――これはもはや個人や企業の努力だけではどうにもならないところにきています。雇用を生み出すのも政府の仕事なのですが、機能しているとは思えません。

グローバル化の波によって二〇〇〇年以降、企業の会計制度も大きく変わりました。それまで会社の資産の評価方法は「簿価会計」といわれるもので、例えば企業が株や土地を買えば、その後何年経っても購入価格のままで資産評価されていた。

株も土地もバブル崩壊までは右肩上がりでしたので、企業は土地や株を買い、「含み益」を膨らませることができたのです。

また、投資以外の目的もありました。土地を担保に銀行から融資を受けるほか、取引相手の株を買ったり、逆に自分の株を持ってもらうことで経営を安定化させ、お互いの信頼関係を築いていたのです。

その後、バブルがはじけて株や土地の値段が下がるなか、企業の会計制度を透明化させるためにアメリカ型の「時価会計」が導入されました。これは企業の資産を期末時点の時価で再評価する会計手法です。

企業の持つ資産の価値を毎期末ごとに見直し、時価と簿価の差額を評価損益として、賃借対照表や損益計算書に反映させなければなりません。

五十万円で買った土地が、五百万円に値上がりしたら、簿価会計では五十万円でもよかったのが、時価会計では五百万円としなければならなくなった。そうなると利益がなくても株価の配当や税金は増えます。

これまでは借金しても株や土地を買っていた企業は、それらを手放すようになりました。なかには社宅や福利厚生のための施設も含まれるでしょう。会社の利益は、いまや労働者である社員のためではなく、株主のものになってしまったわけです。

時価会計が導入された背景にはもう一つ、企業活動の国際化が挙げられます。多国籍に経済活動を行なうのであれば、日本のルールは捨てて、アメリカのルールを受け入れろということなのです。

グローバル経済によってもたらされた自由化の波は、日本でもさらなる経済格差を生みました。地方と東京、中小企業と巨大資本、政治と経済――。さまざまな局面で経済的強者はより富み、中流層は貧困層へと流れているのです。

## もはや国は頼れない

先日、宮城県の石巻市を訪れたとき、寸断されたままになっている道路が多く残っていました。地震から七ヵ月以上経っているのに、インフラの復興が進んでいない。市長さんに理由を聞いたところ、「道路整備には中央省庁から災害査定官が来て、査定してもらう決まりになっています。

それを待たずに整備しようとなると、費用は各自治体で負担しなければならない。仕方がないので、ただひたすら待っているんです」。

被災している人々へ、国はこんなことを平気でやっている。怒りと憤りしか感じませんでしたね。そのため、石巻の港はまだ水に浸かったまま。約二万人が港で働いていたというのに、彼らの雇用も宙に浮いたままです。

六月に政府が発表した復興計画にも自治体まかせの姿勢しか見えない。被災した自治体が要望を出しても、政府は「そちらでやって」という姿勢です。自治体は被災した住民のケアで余裕などあるわけがないのに、政府はまったく機能していない。

防寒材や暖房器具も十分ではない被災地の仮設住宅では、人々は寒さに震えているというのに、埼玉県の朝霞市に公務員宿舎を作っている場合ではありませんよ。

国の将来を左右する自然災害が起きたというのに、情けない対応しかできない政府に将来を託せません。老後をこの国で迎えることに大きな不安を感じている人は多いのではないでしょうか。

「低金利で預金は増えないし年金もあてにならない」「資産運用しないと老後が大変」——投資を勧めるセールスマンの言葉に、不安を募らせる人もいると思いますが、とにかく退職金や貯金を目減りさせないために、自分の身は自分で守るしかありません。

そのためにはどうすればいいのか。まずは家計を徹底的に見直して無駄を省いていきます。企業が株や土地を売り、借金を減らして現金（キャッシュ）を貯めてキャッシュフロー経営へ方向転換して体力をつけたように、個人も借金を減らして現金で家計を回していくのです。「家計のキャッシュフロー経営」がデフレ時代のキーワードといえるでしょう。

最後に三つのアドバイスがあります。

・できるだけ長く、家族皆で働く

厚生年金の支給開始年齢は、今後さらに引き上げられることが予想されます。そうなると「人生二毛作」とばかりに定年後も仕事を続けなければならなくなるでしょう。七十歳近くまで働ける健康な体に加え、知識や技術も必要となります。

またお父さんだけでなく、お母さんや子供も働いて家計を支えるくらいでないといけません。なぜならデフレの時代は、現金の価値が上がります。家族皆で協力して、現金を稼ぐことが大切なのです。

・借金はできるだけ早く返す

収入は一向に増える気配はない。下手すると下がることもある現在の雇用状況では、月々返済しているローンの負担は重くなる一方です。

月に四十万円の収入のある人が、毎月十万円を住宅ローンの返済に充てているとします。収入の二五％です。これが収入が三十万円に低下したらどうでしょうか。収入の三〇％となり、借金は増えていることになります。そうならないためにも、できるだけ長く、皆で働いて現金の収入を増やして借金を早く返してしまいましょう。

・貯金をしよう！

デフレではモノの値段は下がり、現金の価値が上がります。去年まで一万円で買えていたものが、今年は九千五百円になっている。これは五％の利息がつくのと同じことなんです。銀行へ預けても一年間で五％の利息はつきませんが、それでも減るよりはましです。株や不動産、外貨などの投資に現金を無駄に使わず、コツコツとお金を貯めましょう。

結論は、「働けるうちに働いて、せっせと借金を返し、お金を貯めよう！」ということ。

それからくれぐれも投資や運用の話にだまされないでください。金融機関や不動産会社の営業担当者が一番勧めるのは、彼らが最も利益を得られる商品なのです。あなたの資産が目減りしたところで彼らの懐は痛みません。それを忘れずに、自分の将来は自分で守るしかありません。

（構成・編集部）

●おぎわら・ひろこ　一九五四年長野県生まれ。雑誌やテレビなどで年金・保険・家計などについて解説する。著書に『荻原式　円高・デフレ時代の家計防衛術』（アスキー新書）、『くらし安心！　お金の大事典』（中公新書ラクレ）、『荻原式　老後のマネー戦略』（集英社）、『やってはいけないお金の習慣』（青春出版社）など多数。

## ■初出一覧（すべて月刊『望星』）

◇第一章　小さな暮らしへ！
便利さの追求で奪われた「人としての幸せ」　小泉和子　二〇一一年八月号
森の中の一本の木のように生きる　久保田昭三　二〇〇四年六月号
小さな暮らしはていねいな暮らし　吉沢久子　二〇〇六年十二月号
マイホーム信仰を捨ててみれば　山下和之　二〇〇一年十二月号
「再生」を支えてくれた小さな珠玉　安房文三　二〇〇四年六月号
小さく暮らして大きく育てる　太田治子　二〇〇四年六月号
都市で「森の生活」を実践しつづけて　久島　弘　二〇〇六年十月号

◇第二章　少ないモノで暮らそう
まずはモノへの執着を捨てることから　山折哲雄　二〇〇六年二月号
何もないから、心豊かな王様の居間　池内　紀　二〇〇六年二月号
「捨てる」行為は自分と向き合うこと　辰巳　渚　二〇〇六年二月号
クーラーなんかなくっても　小泉和子　二〇〇四年八月号
モノの洪水に背を向け、自在な心を　下重暁子　二〇〇六年二月号
貧乏人の居直りで味わう茶の湯　久島　弘　二〇一一年八月号

◇第三章　自然とともにシンプルライフ
早寝早起き「半農半読」の小屋暮らし　久保田昭三　二〇一一年八月号
食を大切に、暮らしを楽しく　魚柄仁之助　二〇〇一年十二月号
自分の尊厳を腹の底にすえて生きる　遠藤ケイ　二〇〇七年七月号
最大の豊かさは「自然」だと実感する日々　樺島弘文　二〇〇四年六月号
自然体の「荒凡夫」という豊かさ　金子兜太　二〇〇六年十二月号

◇第四章　小さな暮らしを考える
小さな暮らしで大きな「自由」を　犬田　充　二〇〇六年十二月号
生きる喜びは暮らし方の再構築から　倉石忠彦　二〇〇五年四月号
「これが最後のチャンス」のいま考える　久島　弘　書き下ろし
家計からみる昭和三十年代の暮らし　吉沢久子　二〇〇三年十一月号
雨に濡れる人々を思って　湯浅　誠　二〇〇一年十二月号
とにかく貯金を。投資は禁物　荻原博子　二〇〇一年十二月号

小さな暮らしのすすめ

2012年3月2日　　第1刷発行

編　集：月刊『望星』編集部
発行人：街道憲久
発行所：東海教育研究所
〒160-0023 東京都新宿区西新宿7－4－3　升本ビル
電話 03-3227-3700　　FAX 03-3227-3701
発売所：東海大学出版会
〒257-0003 神奈川県秦野市南矢名3-10-35 東海大学同窓会館内
電話 0463-79-3921
印刷所：港北出版印刷株式会社

月刊『望星』ホームページ　http://www.tokaiedu.co.jp/bosei/

printed in Japan　ISBN978-4-486-03741-5 C0036
定価はカバーに表示してあります。

## 東北魂

ぼくの震災救援取材日記

山川　徹 著　四六判　296 頁　定価 1,890 円（税込）

ISBN　978-4-486-03742-2

東北で生まれ育ち、歩き続けてきた著者が、3・11 からの 10 カ月間に体験した出会いと別れ。元ラガーマンや捕鯨船員、泣き虫和尚、地方出版社荒蝦夷の人々……。大震災発生から 1 年を迎える東北の姿を描く人間ドキュメント。これからへの思いと鎮魂の記録。

## 反欲望の時代へ

大震災の惨禍を越えて

山折哲雄×赤坂憲雄 著　四六判　304 頁　定価 1,995 円（税込）

ISBN　978-4-486-03720-0

地震と津波、そして原発……。災厄の日々から、来るべき時代はどう展望出来るのか。深く広い対話に第二部として寺田寅彦、宮沢賢治らの作品を加えた「歩み直し」のための必読書！

## 大東京 ぐるぐる自転車

銀輪ノ翁、東都徘徊ス

伊藤　礼 著　四六判　296 頁　定価 1,680 円（税込）

ISBN　978-4-486-03719-4

銀輪の翁、伊藤礼ワールド炸裂の痛快・極上ユーモアエッセイ。風にも負けず、日照りにも負けず、今日も自転車は出撃する。世相、民情、歴史に目を光らせての大東京巡察紀行。

## ホームレス歌人のいた冬

「ホームレス歌人・公田耕一」の消息を追う

三山　喬 著　四六判　272 頁　定価 1,890 円（税込）

ISBN　978-4-486-03718-7

リーマンショック後の大不況で年越しテント村が作られた２００８年末、朝日「歌壇」に、彗星のごとく現れ、約９カ月で消息を絶った「ホームレス歌人」がいた。その正体と、その後の消息を追う感動のノンフィクション。